U0750886

养育男孩

Flower

静 涛◎著

江西人民出版社
Jiangxi People's Publishing House
全国百佳出版社

图书在版编目（CIP）数据

养育男孩 / 静涛著. -- 南昌 : 江西人民出版社, 2017.9

ISBN 978-7-210-09624-5

Ⅰ. ①养… Ⅱ. ①静… Ⅲ. ①男性—家庭教育 Ⅳ. ①G78

中国版本图书馆CIP数据核字（2017）第186696号

养育男孩

静涛 / 著

责任编辑 / 辛康南

出版发行 / 江西人民出版社

印刷 / 天津嘉杰印务有限公司

版次 / 2017年9月第1版

2017年9月第1次印刷

880毫米×1280毫米 1/32 7印张

字数 / 140千字

ISBN 978-7-210-09624-5

定价 / 26.80元

赣版权登字-01-2017-584

如有质量问题，请寄回印厂调换。联系电话：010-64926437

前言

爱孩子，这是连母鸡都会的。母爱无私，是一种奉献。但在这儿，“无私奉献”并不是“崇高”的代名词，因为“母爱”只是任何动物都具备的一种本能。人和动物的区别在于人有意识，因此，人在爱自己的孩子时头脑一定要清醒，要有原则地、理智地去爱。

男孩与女孩相比，天生精力旺盛，好奇心更强，破坏性强，经常因登高爬低而伤痕累累；男孩很难自我控制，对诱惑的免疫力低下，外界的一点点“风吹草动”都会造成他的情绪波动，影响学习成绩；男孩感到压力，要求独立的时间更早……

因此，多次领教过男孩这些特征的父母都有这样一个疑问：上天让小男孩出生，难道就是为了给父母制造麻烦？

其实不然。男孩之所以这样逆反，是他体内的激素在起作用。这种激素在赋予男孩男性特征的时候，也会给男孩不安分的个性，如好动、喜欢竞争、喜欢冒险等，但这些不安分的个性也恰恰是男孩更富探索欲、创造欲与领导欲的直接体现。因此，作为父母就要因材施教，要根据男孩的心理特点和成长规律进行有弹性的家庭教育。如果父母能够在日常生活的细节中，给男孩正确的引导，男孩体内过多的激素就会促使这些“小捣蛋鬼”成为顶天立地的男子汉。

概括来说，本书给家有男孩的父母们提出了这样一些教育男孩的原则：

第一，要做称职的父母，先和男孩成为朋友。可以说男孩天不怕地不怕，没有安分的时候，你可以批评他、教育他，但是千万不能不理他。他们最怕的是没有人做朋友，没有人理解，没有人帮助，没有人支持。也许有些父母认为，棍棒底下出孝子，但是在现在这个社会，靠打骂来教育男孩已经行不通了，他们对于武力威胁丝毫不惧，“越打越犟”是他们的长项。因此，所有男孩的父母一定要牢记这样一个教子箴言：如果你现在不和你的男孩成为朋友，那么青春期之后，他就会把你当作“敌人”！

第二，从小就要让男孩知道，他是个男子汉。男孩在四五岁的时候，就已经有了性别意识，他已经知道自己是个小男子汉。这个时候，父母要有意识地培养其男子汉的作风。他跌倒了，就要让他自己爬起来；他犯错误了，就要让他知道，好汉做事好汉当；他不听话了，就要让他知道，男子汉是不会给别人添麻烦的……

第三，男孩的个性要从小培养。生活中，一些家长对于自己的孩子会产生很多无奈：教他勇敢，他做事却畏首畏尾；教他坚持，他却虎头蛇尾；教他果断，他却拖拖拉拉……这时，一些家长会给自己找理由：也许孩子还小，等他大了就会改变。但是，父母们要记住：任何时候，都不能只活在自己的希望里，男孩应该从小就教育，要脚踏实地地引导他们去积累成功的能力和品质。

第四，鼓励男孩多与人交往。现代社会越来越讲求合作，靠个人单打独斗已经成为过去，团队精神在生活和工作中越来越重要。然而，在独生子女比例骤然增加的今天，每一个男孩的好胜心都很强，都想成为“头儿”，因此，易与别人的关系紧张而僵硬。所以，父母应该鼓励男孩多参加团体活动或游戏，在活动中，鼓励男孩融入这集体，让他与其他小朋友成为朋友，锻炼男孩的交际能力，这样男孩的性格也会变得开朗活泼，容易与人相处。

衷心希望阅读此书的每位父母，在未来的日子里，都能以自己的儿子为傲，以自己了不起的男孩为荣！

目录

第七章　督促学习，使男孩有超强的学习能力

第八章　多些夸奖，对男孩实施“大拇指教育”

第九章　少些责备，批评男孩讲究方法和策略

第十章　饮食起居，助男孩有一个强健的身体

第十一章　正确对待，帮男孩平稳度过青春期

第十二章　财商教育，从小培养男孩的理财能力

第一章

爸妈必知：这就是男孩

日本松田道雄在《育儿百科》里说：如果可以，最好生两个以上的孩子，如果有两个孩子，最好是一儿一女，因为男孩跟女孩不一样。男孩有他独特的生理特点，只有了解了关于Y染色体、睾丸素、男性大脑结构等相关知识，才不会对男孩的冒险精神、精力旺盛、喜欢打斗、喜欢探索等问题感到不解。

透视男孩特有的"Y"染色体

提起染色体，人们并不陌生。人体的每个细胞内都有23对染色体，也就是46条染色体，包括22对常染色体和1对性染色体。男孩与女孩的常染色体都是一样的，但是性染色体却不一样，正是不一样的性染色体决定了孩子的性别。

性染色体分为X染色体和Y染色体，男孩的性染色体是由X和Y组成，而女孩的则是X和X组成。也就是说，Y染色体是男孩独有的，决定了孩子的性别为男性。

根据研究表明，Y染色体上的基因只能由亲代中的雄性传递给子代中的雄性，也就是由父亲传递给儿子。因此，在一个家族里，所有男性的Y染色体都是一样的。

千万不要小看了男孩所携带的Y染色体，它不仅决定了男孩之所以为男孩，而且正是由于它的存在，男孩才会表现出很多与女孩完全不同的特性，例如，更具有冒险性、攻击性和竞争性。

对于大多数有男孩的家长来说，男孩的成长历程就像是一部惊险的探险电影，说不定哪个时刻，他们就会因为探险而受伤；也说不定哪个时刻，他们就会惹出或大或小的麻烦……

父母了解男孩的染色体情况对教育有什么帮助?

一、通过"生长基因"鼓励男孩。据英国的一项统计数据显示，男人的平均身高在174.4厘米，女人的平均身高则是162.2厘米。男人的平均身高比女人要多12.2厘米。也就是说，Y染色体上面包含着增加身高的"生长基因"。

由此可见，通常情况下，男孩注定比女孩长得高大，所以要比女孩承载起更多的家庭责任和社会责任。如果你想让男孩做一些力所能及的家务，你可以这样说："你是男孩，你的力气大，就应该为妈妈

分担一些家务，妈妈是女人，需要你的帮助。”你这样说，他会很愿意参与其中。

二、帮助男孩提高抗病能力。科学研究发现，到目前为止，能够保证免疫系统正常发挥作用的基因全部是X染色体，由于男孩比女孩少一条X染色体，相比之下，男孩的免疫力就弱一些，患传染病的概率就高一些。

因此，父母在生活中要帮男孩提高抗病能力，平时让他多喝水，多吃蔬菜水果，多参加体育锻炼，保证充足的睡眠……采取这些措施可以弥补男孩少一条X染色体的不足。

三、能够理解男孩的那份脆弱。通过观察，你会发现，男人总有特别脆弱的一面。大量科学研究表明，Y染色体在长达约3亿年的进化中一直在变小，所含基因也在逐渐减少。因此，从这个角度看，男孩比较容易受到伤害，看上去也有不同程度的恋母情结。男孩看似勇敢坚强，实则非常脆弱。因而，男孩特别需要得到关爱。

所以，父母除了让男孩吃饱穿暖之外，一定要重视他的精神需要。多与他沟通，多关心他、理解他，让脆弱的男孩感受到爱和温暖。

四、不要忽视对男孩进行性别教育。既然Y染色体决定了孩子的性别，那么，父母就要通过教育让男孩对自己的性别有所认识。一般来说，男孩在一岁半左右就知道了自己的性别，他能通过观察周围人的发型、外观、长相等特点分辨他人的性别。光他自己知道了还不够，父母一定要注意强化孩子的性别。不要把男孩当女孩养，比如，给他穿裙子、扎辫子、涂口红等。在穿戴上一定要把男孩当作男孩去打扮。平时要让男孩玩坦克、手枪等带有男性化特征的玩具，不建议引导他们玩布娃娃或者毛毛熊等东西。

Y染色体已经决定了他是个男孩，在教育方式上，就不要过度保护，而应该在相对安全的情况下，鼓励他去探索、去冒险、去奋斗。这样才会让男孩所携带的Y染色体发挥作用。

令男孩调皮的祸首：睾丸激素

心理学家将男孩称为“有攻击性的小机器”。在运动能力、爆发力等方面，男孩要远远胜过女孩。同时，男孩的动作速度和猛烈程度也会远远超过女孩。男孩天生在这些方面具有优势，这取决于体内的睾丸激素。

当男孩还在妈妈肚子里时，他体内的睾丸素就开始形成了。由于这种雄性激素的存在，男性特征便开始显现。比如，他们的睾丸和阴茎开始发育。

当男孩出生后，体内的睾丸素几乎相当于一个12岁男孩体内的睾丸素的含量，睾丸素不仅促使男孩的身体发育，而且促使男孩具备更多的男性特征。比如，刚出生男婴的阴茎偶尔会出现轻微的勃起。

男孩出生几个月后，男孩体内的睾丸素含量会下降到出生时的1/15。

在男孩蹒跚学步的整个阶段，体内的睾丸素含量一直比较低。因此，蹒跚学步的男孩和女孩在行为上表现得特别相似。

当男孩长到4周岁左右，他体内的睾丸素激增，甚至达到之前的2倍。

当男孩长到5周岁左右，小男孩会对战斗、英雄行为、冒险以及需要花费极大精力的游戏产生越来越浓厚的兴趣。

在11—13岁这一阶段，男孩体内的睾丸素含量再次开始急剧上升，甚至达到蹒跚学步时的8倍。这时，男孩的四肢快速生长，身高会猛增，而且男性特征会表现得越来越明显。例如，长出胡须、出现喉结，等等。越来越喜欢主宰、控制环境，并善于根据自己的实力来估计自己在所处集体中的地位。男孩喜欢竞争，竞争的环境可以使他变得更加兴奋，男孩也更愿意接受挑战以及喜欢没有任何理由的冒险。

一位男孩的妈妈对她的好友这样评价自己的儿子：

我儿子从学会走路开始，就不断地给我制造麻烦：小的时候爬桌

子把牙都磕坏了；上了幼儿园也常常与别的小朋友打架；上了小学，仍然是麻烦不断，我常常会因为他的某些捣乱行为而被老师“请”到学校……因此我为了他可真是忙翻了天。

几乎在每个男孩小的时候，都会得到很多“昵称”，例如，“捣乱鬼”“破坏王”“麻烦制造机器”等。男孩之所以会得到这些称号，都是因为他体内的睾丸素。睾丸素的力量真的会超乎一些家长的想象。

既然睾丸素的力量如此巨大，那男孩表现出的好动、破坏行为、制造麻烦等，就不足为奇了。因为睾丸素的存在，所以在很多时候，男孩总是通过“制造麻烦”表现出自己的男性特征。

男孩喜欢玩冲锋枪、坦克、飞机等，喜欢捉弄小猫、小狗，喜欢拎起它们的小耳朵让它们叫唤。

男孩喜欢玩火、喜欢扔石头、喜欢要棍子，他们会在游戏中粗鲁地推倒小伙伴。

男孩有时还会故意激怒比自己小的孩子，从中取乐。

男孩在做事的时候注意力很集中，但是耐久性很差，表现得很毛躁。他们经常没有听清指令就会盲目行动。

男孩喜欢张扬的做事风格，并且会对自己的所作所为产生自豪感。他们的行事风格看上去果断、大气，富于斗志和进取心。

男孩天生好动，喜欢拆卸，会出于好奇把家里的闹钟拆掉，为了听听清脆的响声而把杯子摔在地上。

面对不断制造麻烦的男孩，很多家长为此感到“头痛”，总是感慨地说：“要是个女孩，就好了。”当然，有很多家长也会试图通过“骂”和“打”的方式，让男孩听话一些。

教育专家明确地指出：如果父母总是试图通过打骂让男孩“屈服”，那他将来就很容易成为一个胆小怕事的人；如果父母能够巧妙地引导男孩做正确的事情，使他们的潜力得到最大限度的发挥，这些男孩往往就会表现得非常出色。

男孩成长过程中的三个阶段

男孩成长可以划分为三个阶段：0—6岁、6—13岁以及14岁—成年。每个阶段男孩的表现都不相同，父母所遇到的教育难题自然也不相同。只有清楚地了解每个阶段男孩的心理特征和生理特征，才能找到最好的解决方法。

1.0—6岁——喜欢腻在母亲的怀抱里

0—6岁，这是男孩成长的第一阶段。在这个阶段里，男孩性别特征并不是那么明显，一般来说男孩是属于母亲的，因为他们很脆弱，需要妈妈温柔的关爱。

处于这个阶段的男孩喜欢让妈妈抱着，喜欢妈妈跟他玩，喜欢妈妈的关爱和抚摸。因为妈妈为男孩提供母乳，妈妈慈祥可亲，所以能给男孩最大的抚慰。

可以说从出生到6岁期间，妈妈的爱和教育会影响男孩的一生。如果妈妈与男孩经常交流、精心培养，又给予孩子足够的关爱和安全感，那么就会使男孩的大脑得到很好的发育及完善，使他获得更多的讲话技巧，孩子以后就会更好地适应社会，大踏步地前进。反之，如果妈妈总是情绪低落或者是喜怒无常，经常打骂男孩，那么男孩的大脑就会发生变化，慢慢变成一个或胆小怕事、或脾气不好的男孩。

因此，在这一阶段，妈妈需要了解男孩对应的特点，然后对症下药，用心培养。

（1）理解力有限，说太多无益。妈妈千万不要跟这一阶段的男孩讲太多的道理，动不动就向他们解释为什么不能朝地上洒水，为什么不可以爬到柜子上去，为什么见了人应该礼貌地向人打招呼，等等。其实，在很多情况下，这些说教都是徒劳的。偏偏有的脾气不好的妈妈因为多次教男孩，男孩总是记不住，为了让他们长点儿记性，便打骂男孩。这种做法是完全错误的，因为这一时期的男孩根本没有理性思维以及逻辑思维的能力，向他们解释太多、给他们讲太多道

理，只能让他们觉得烦躁。

（2）需要妈妈更多的耐心与关注。这一阶段的男孩，他们在生理上和情绪上要比女孩脆弱。比如，同样是刚出生的婴儿，男孩比女孩对疼痛更加敏感，当他们感觉潮湿或不舒服的时候，男孩更容易哭闹。即使到了6个月大时，男孩仍然需要妈妈的照看，女孩则会通过吮吸手指和玩玩具等寻求安慰。

这一阶段的男孩更渴望被关注，如果妈妈没有给自己足够的关注，他们甚至会通过一些不良行为来吸引妈妈的眼球，如果这个时候妈妈不正确地引导，而是打骂，对男孩的一生都会产生很多不良影响。因此，妈妈千万不要被固有的性别观念束缚住头脑，认为男孩天生就该坚强。其实在0—6岁这段时期，男孩是脆弱的，是需要妈妈更多的耐心与关注的。

（3）男孩需要的是引导，而不是选择。“儿子，你喜欢红色，还是喜欢蓝色？”“儿子，周末我们是去公园呢，还是去游乐场呢？”“儿子，你今天是想吃馒头，还是想吃面条呢？”在生活中，我们经常听到妈妈这样问男孩，而处于这个阶段的小男孩往往不知该怎样选择。心理学研究表明，如果总是让6岁以下的小男孩在很多的可能中自己去选择，那这个男孩长大后不会是有主见的人。因为处于这个阶段的男孩需要的是引导，而不是让他选择。所以，妈妈要为这一阶段的男孩制定好每天的生活。例如，今天吃什么，今天穿什么衣服，今天去什么地方玩。有了妈妈的安排，男孩就会清楚地参与其中，并获得很大的安全感。

（4）会迷恋自己的身体。这一阶段的男孩总是喜欢拉扯或揉搓自己的生殖器，甚至是当着众人的面把手伸进裤子里。这让很多妈妈感到烦恼。其实，妈妈只要了解这一阶段男孩的特性，就能理解男孩了。

男孩天生好奇心就很强，这一点从小就表现得很突出。他们会“研究”见到的每一样东西，包括自己的身体。他们对自己身体的早期迷恋是很正常的，因为拨弄、搓揉自己的生殖器会给他们带来快乐和舒服的感觉，仅此而已。所以，妈妈不要对这一阶段的男孩的这种行为大惊小怪，只需引导孩子。可以让他搓揉自己的生殖器，但这是一件只能私下做的事情，如果他偏不这样做，那也就随他好了，等大一点儿，即使你不说他，他也不会这样做了。

2.6—13岁——想成为爸爸那样的男子汉

6—13岁，这是男孩成长的第二阶段。在这一阶段，男孩进入了自身成长的转变期，不再像前一阶段那样依赖妈妈，而是喜欢和爸爸交流，开始向爸爸学习，模仿爸爸的行为，并希望自己成为一个男子汉。

因此，在这个时期，爸爸对男孩的影响非常大，如果爸爸并没有给男孩足够的关爱和引导，男孩就可能会制造麻烦，希望引起爸爸的注意。如果男孩没有如愿，那么他在未来的日子里就可能会和爸爸对立起来，成为一个不听爸爸话的“男人”。因此，爸爸一定明白这一点，要常与男孩互动，做好男孩的引路人。

进入这一阶段的男孩，会出现很大的变化，他们逐渐觉得自己是“男人”了，要做一个爸爸那样的人。甚至那些平时很安静的男孩，到了这个年龄也整天舞刀弄枪，证明自己能力高强。即便在大人们看来这是很可笑的事情，但男孩还是要通过各种行为来表明自己的“男子气”。

有的男孩为了证明自己是男子汉，还希望自己快点儿长大，幻想身体突然变得很强壮，有很大的力量做各种事情，甚至希望像爸爸那样长出胡子来。于是他们通过各种行为来表明自己的身份，比如，男孩会争着当警察，因为警察在他们眼中是英雄，是男子汉；男孩喜欢舞刀弄枪，希望自己成为武林高手；男孩总是梦想着自己有一天能去拯救地球；甚至会做各种危险的事情，以证明自己的勇敢。

在6—13岁这个阶段，男孩的思维也会发生变化，理解他人情感的能力逐渐开始具备，自尊心开始增强。心理学家认为，在这一阶段，男孩自尊心的发展会出现两种倾向，他们对自己的看法也会截然不同：要么认为自己很能干，能积极地面对一切事情；要么认为自己很无能，什么事情也做不好。因此，在这一阶段，家长一定要注意引

导男孩正确地认识自己。

在这一时期，需要爸爸特别的帮助和指导。

（1）爸爸要多费点儿精力跟男孩亲近。6—13岁的男孩特别需要爸爸的爱，他们喜欢爸爸拥抱他、逗他，和他打闹，也喜欢和爸爸做一些比较文雅、安静的事，比如让爸爸给他讲故事、唱歌或者放音乐等。爸爸一定要告诉男孩他是多么出色、帅气、聪明的一个孩子，以增强男孩的自豪感。

（2）爸爸要多花些时间陪陪男孩。现代社会，人人都很忙碌，特别是作为一家之主的爸爸，因为社会角色的关系，与孩子在一起的时间非常有限。但即使再忙，也别忘了多抽点儿时间陪陪孩子。

陪伴男孩是做爸爸的责任，爸爸忙完了单位的事情，要及时回家，与儿子一起玩耍嬉闹，这样会教会他很多东西。爸爸要用尽可能多的时间陪伴男孩，陪伴家人。如果升职加薪，那意味着工作时间更长，那么做父亲的一定要认真考虑：孩子的童年只有一次，他现在需要你，你努力工作的目的是什么？不就是让孩子幸福快乐地成长吗？现在你陪他的时间太少了，他觉得不幸福，已经影响到他的成长了。这样一想，也许做爸爸的就能挤出更多时间陪男孩。

（3）爸爸要和妈妈分担照顾孩子的工作。有一些大男子主义的爸爸认为教育男孩是妈妈的事情，于是他们把照顾男孩的重任都推给妈妈。为了孩子的健康成长，爸爸应该和妈妈一起，为怎样教育男孩出谋划策。比如，协助男孩完成作业，教男孩做力所能及的家务，制定出明确的规则让男孩遵守。遇到大事时，爸爸要和妈妈商量，一起教育男孩会进一步加深夫妻间的关系，也会让男孩更健康、更快乐地成长。

3.14岁—成年——进入盎然的青春时代

从男孩变成男人的关键期就是14岁到成年这段时间。

一般情况下，这段时期的男孩进入了快速发育期，身体内发生了显著的变化——睾丸激素大幅增加，含量几乎是以前的8倍！男孩变得更加喜欢争辩，更加喜怒无常，有时候又焦虑孤独。这当然不是他

们变“坏”了，而是他们的身体和心理都发生了彻底的变化，他们已经和以前不一样了。

这个变化过程充满了“斗争”，男孩们不但经常与父母的观点相左，而且不时地挑战长辈的权威，甚至也在和自己作各种各样的斗争。他们需要解开成长道路上遇到的疑惑，需要开始新的征程。他们会变得愤世嫉俗，动不动就会批判周围的人和事；说同龄人才听得懂的话；他们会穿奇装异服，甚至把头发染得五颜六色；他们脾气变得暴躁起来；常常埋怨家长不理解他们，家长想靠近的时候他们又会躲开……

在很多人看来，这个年龄阶段的男孩是让父母“失望”的，很多人感叹，要是当初生个女孩就好了。这个阶段的父母会害怕，会担心，因为年轻气盛男孩可能会卷入各种纠纷，惹出很大的麻烦。不管怎样，作为男孩的父母，一定要知道，这是男孩必经的阶段，一定要花时间，有耐心地去引导男孩。教他们怎样像男人一样去做事，要让他们知道自己应担负起的职责，在哪里找到力量的源泉以及前进的方向。

要想把男孩培养成一个有能力、有思想、有智慧、有责任心的男子汉，并不是一件简单的事情，需要家长的共同努力。

（1）给予男孩正确的引导。14岁到成年的男孩爱扮酷，喜欢追求个性、时尚和潮流。他们只是随波逐流，其实自己都不知道自己到底喜欢哪种风格。不光外表，他们的内心也是非常混乱的，有时他们很自信，有时又表现得很自卑。面对自己的未来，他们带着“初生牛犊不怕虎”的精神会说：“将来我一定要成为百万富翁！”但一想到具体怎么去做就泄气了，觉得自己根本什么都做不了。所以，父母要给予这个阶段的男孩正确的引导。如果父母多一些肯定、鼓励，那么男孩的思维就会越来越清晰；如果父母总是否定、批判男孩，男孩的思维就会越来越混乱。即使男孩有不当的地方，也不要通过打骂的方式予以纠正，要运用智慧，选择男孩最容易接受的方式去引导。

（2）不要封闭男孩的成长环境。十几岁的男孩很容易产生孤独感，他们会觉得没有人能理解他们，所以又难免会产生强烈的归属诉

求。他们希望自己归属于某个团体，渴望被他人认同，因此会主动与同龄人交往，甚至会跟与自己年龄有些差距的人交往。这样一来，男孩不可避免地会接触到各种各样的人，包括父母不喜欢和不认可的“坏人”。

在男孩交友这件事情上，有些父母给男孩很多限制，不准跟这样的人玩，不准跟那样的人在一起，企图把男孩放在一个“纯净”的圈子里。实际上，这样做不是纯净了男孩交往的圈子，是让他与人隔绝了，他的朋友越来越少，交往能力越来越差，逐渐变得胆小，觉得随时都可能遇见坏人。

对于男孩交友这件事情，父母不用太过紧张，男孩也有自己的判断能力了，如果他们的判断真的有所偏差，父母只要及时发现并正确引导就可以了，千万不要采取封闭的措施。

（3）侧面迂回了解男孩的想法。14岁以后，男孩基本上初中了，待在父母身边的时间越来越少了。在14岁到成人的这段时间，男孩会有自己的生活，与家庭生活越来越远，父母对男孩的了解也越来越少，这不免会让父母忧心忡忡。其实父母完全可以换个方式去了解，比如通过老师、亲戚、好友等，这些人也会真心关怀孩子。长大的男孩也许不喜欢向父母敞开心扉，但是他们也需要倾诉的窗口，他们经常会把自己的想法告诉父母以外比较亲近的人，也许会在关爱他的长辈家中对父母进行“控告”。如果父母了解到这些，就会找到自己与孩子之间的隔阂，然后想办法弥补和改正。

（4）用父亲的角色影响男孩。在男孩的成长过程中，爸爸对他的影响非常大，在男孩向男人转变的这段时间，爸爸的影响更是不可缺少。爸爸是男孩接触最多的男人，潜移默化的影响非常大。

爸爸平时可以向男孩讲述自己的经历，让男孩有“与爸爸之间是男人与男人之间的对话”的感觉。这样既能控制男孩的消极行为、引导男孩的积极行为，又能增强父子间的感情。如果爸爸在男孩心中是有影响力的男人，那么男孩就会以爸爸为榜样，同时也能从爸爸那里感受到一种安全感。

14岁之后的男孩逐渐进入了生机盎然的青春时代。这一时间段里，男孩的身心都发生了巨大的变化。父母一定要做好引导工作，让男孩坦然面对自己的身心状况。这一时间段里，男孩特别需要有经验的人的指引，指引方式与最终的结果息息相关。如果家长总是对男孩大呼小叫，即使家长说得有理，男孩也不愿意接受，他们就会变得越来越“坏”。

所以，在这个时期，家长不仅要把正确的人生观告诉男孩，让他学会辨别善恶美丑和是非黑白，还要像朋友一样和他沟通，在他迷茫时给他建议，在他孤独时多多陪伴，让他平稳过渡成为男人。

每个男孩都有“英雄情结”

男孩从小就有英雄情结，这种情结将伴随男孩一生。男孩英雄情结的表现是爱打抱不平，爱管闲事，见不得人欺负弱小等。每一个男孩都想做英雄，都希望被人崇拜。

刘伟回家后，妈妈发现他的脸有一道伤痕，以为他在外面受欺负了，于是问道：“谁干的啊，你的脸怎么受伤了？”

刘伟低着头不说话，妈妈只好把声音放柔些说：“没事，跟妈妈说，妈妈想知道是怎么回事。”于是，刘伟便详细跟妈妈讲了事情的经过。

原来，是刘伟的同学张彪下课时欺负低年级的小朋友，还把低年级小朋友的玩具扔在了地上。张彪平时就很凶，这时吓得低年级的小朋友直哭，老师又不在。刘伟看不过去了，就走过去帮助低年级的小朋友。刘伟与张彪理论时，脸被张彪抓伤了。

妈妈了解了事情的经过，想了想说：“原来你在帮助人啊，这是好事，是个小英雄的行为。不过你以后遇到这样的事情，不要贸然上

前去理论，最好去找老师或请同学们评理，相信大家都会站在你这边的。”刘伟听后，认真地点了点头，同时脸上满是自豪的表情。

对于男孩的英雄情结，父母应该给予充分理解，因为男孩独有的Y染色体和大量分泌的睾丸激素激发着他的英雄情结，这是男孩区别于女孩的重要心理特征之一。如果你足够细心就能够发现，绝大多数男孩从小就爱玩坦克、手枪等玩具，也爱看带有英雄情节的故事或影片，并立志成为“警察叔叔”……

男孩的英雄情结经常会倾注到对某些偶像的崇拜上，它们可能来自男孩平时看的动画片，如奥特曼、蜘蛛侠、蝙蝠侠、黑猫警长，等等，这类英雄偶像正义、勇敢、智慧、仗义，具备一种积极向上的精神，圆了男孩的英雄梦。

男孩心中的英雄形象，是伟大、神圣、没有缺点的。父母正好可以利用男孩的这种英雄崇拜情结，培养男孩勇敢、坚毅、正义等优良品质。

每个男孩都有英雄主义情结，这几乎是一种本能反应。只要男孩的天性没有过分被压抑，在任何场合下，他们路见不平时，都有拔刀相助的冲动。男孩总是幻想自己是“奥特曼”，身怀一身绝技，能够帮助弱小、扶危济困，与恶势力作斗争，甚至拯救地球，成为人心目中的大英雄。

在现实中，男孩的英雄梦却是难以实现的。由于年龄和阅历的缘故，男孩无论在身体还是心理上，都不能如愿施展自己的英雄抱负。他们常常觉得自己很弱小，希望得到安慰和激励，并希望有一些勇敢的举动被认可，于是在别人危难之际，总喜欢挺身而出。

孩子喜欢当英雄、想当英雄没有错，重点在于父母要帮助他建立正确的“英雄观”。当他打抱不平的时候，我们要提醒他那样会受伤，但不能用打骂的方式制止他，而是应该进行合理的引导。只要父母引导得当，英雄情结不仅能够促进他男性气质的培养，也能使他成长为真正的男子汉。

精力旺盛的"淘气包"

很多家有男孩的家长感叹自己的儿子太淘气，为什么男孩就那么淘气呢？这是因为精力旺盛的缘故。大多数男孩从会走路起就不断展现出过人的能量。他们只要不睡觉，就一刻不停地到处攀爬、跑跳、追逐、打闹，即使上学后，课堂上也有做不完的小动作，男孩好像总有使不完的力气，用之不竭的精力。

为什么男孩的精力如此旺盛呢？从中医学角度讲，男孩是纯阳体制，生性好动，用一句古语说："憨嘻跳跃是其本性，拘坐则伤脊骨，尤损天柱。"男孩阳气足，才会显得生机勃勃，如果要把男孩拘束住，强迫他们老老实实坐着，就是在抑制他们的天性。男孩比女孩更好动还有一个重要的原因，那就是男孩的体内能分泌出大量的睾丸素，睾丸素致使男孩成了一个"淘气包"，只能通过不停活动来消耗能量。

父母清楚了男孩精力旺盛的原因，就不要在他"释放能量"的时候大声责骂，或者制止他，而应该想个办法让男孩把过剩的精力用到该用的地方。父母不应该把自己的喜好作为评判男孩行为的标准，更不能因自己喜欢安静而强迫男孩不许跑跳。父母应该转变自己的心态，接纳这个体内分泌大量睾丸素的小"淘气包"。在保证安全的前提下，允许他们去释放能量。这样，男孩的身心才不会受到压抑，男孩的成长才会健康。

既然男孩精力旺盛，那么父母就应该利用男孩的这个特点，引导他去做一些有益于身体发育、身心健康的事情。比如，每天抽一些时间出来，和孩子们一起跑跑步、打打球，等等，做些体育运动不但能消耗男孩多余的精力，还能够增强男孩体魄，促进身心发育。对于男孩精力旺盛的最好应对办法，就是选用运动的方式，与他们一起"消耗能量"。

此外，一个有着旺盛精力的男孩，他不仅可以将能量用在肢体运动上，也大可将其用在脑力劳动中。因此，练习书法、读诵经典、画画、下棋等，都不失为锻炼男孩的耐力和注意力的好活动。

很多男孩都想当“大王”

男人的天性之一是喜欢竞争，一位研究行为哲学的专家曾说：“一场比赛结束后，你看到一个被打败的男人在真诚地向对手祝贺，其实在这背后，这个男人想的是下一次如何把他打败。”

性别赋予男人巨大的能量，这在他们的幼小阶段就已经表现出来。在男孩的世界里，他们就已经有了“大王”的意识，在和小伙伴们一起玩耍时，也更在乎谁是“大王”，“大王”是男孩的行为标准，是男孩内心的竞争对手。每一个男孩都希望能够做一个“大王”，这种竞争心理促使男孩总想争第一。

魏东上初中了，他是一个仗义勇为的男孩，平时结交了不少好朋友，因此很赢得大家的拥护，小伙伴们都爱围着他转，这种众星捧月的感觉让他很骄傲。

新一届的班委竞选开始了，魏东想竞选班长，就鼓动他的朋友们为他拉票。魏东最大的竞争对手是刘新。刘新是个帅小伙，在人际关系上比魏东稍差一点儿，其他各方面都更胜一筹。

班上许多女同学都很欣赏刘新，把他当作白马王子。魏东怕自己竞选失利，就开始四处散播刘新的坏话，说他是假清高，自私自利，从来都是只关心自己，不关心同学。

在竞选演讲时，刘新发言说，如果自己当选班长，会为大家做哪些事。他的真诚态度赢得了全班同学的赞赏和支持，因而获得了很高的票数。结果，刘新因品学兼优，愿意为大家服务，当选班长。

魏东很生气，他约了一帮朋友趁刘新独自回家的时候“教训”了他一顿。虽然受到老师的严肃批评，但魏东觉得很解气。从此，他在学校里处处和刘新作对。

魏东之所以跟刘新过不去，主要是源自想做“大王”的心。几乎没有一个男孩不想做“大王”，他们每到一个新环境，比如新班级、新学校，最关心的问题就是，谁是班级里的班长？谁是学校里的“大王”？通过观察和了解“大王”在学校和班级里的行为，男孩们会渐渐明白，在这里做“大王”要具备什么样的条件和“资格”，他们还会暗暗下决心，希望自己有一天也能够做“大王”。

男孩喜欢当“大王”的竞争心理本身没有错的。如果父母能够加以合理的教导和应用，可以促使男孩不断进步，激励他们积极向上。但是，如果男孩存在过激和偏执心理，把正当竞争变成了恶意攻击，甚至采取一些不公正、不正当的手段对付竞争对手，就会发生暴力事件。因为“大王”只有一个，而想当“大王”的男孩却有很多。那些没有当上“大王”的男孩容易扭曲竞争心理，在处理同学关系上也容易树敌。所以，在如何看待同学间的竞争上，父母不要忽视，理所当然地认为男孩就应该这样。

年纪较小的男孩还不具备准确的判断力和成熟的人生观，他们会为了争第一、做“大王”而展开“斗争”，甚至打架、引发暴力事件。一些发生在男孩身上的行为，比如违反规定、触犯法律都是不正常的竞争心理所致。如果发现男孩的正当竞争心理发生扭曲，父母一定要及时做好引路人，千万不要让男孩对竞争产生误解。

受到父母良好心理教导的男孩，心理和行为上都显得比较成熟，他们会把做“大王”的心理变成积极追求进步的力量，靠自己的实力去战胜别人，真正地做“大王”。而那种为了做“大王”图一时之快，不计后果的行为，只能给他人造成伤害。男孩有竞争心理是可以理解的，父母应该引导他们走向健康的竞争之路，真正实现“大王”梦。

一旦男孩当了“大王”，他们会成长得更快，做起事来会更全心全力。这有利于男孩的身心成长，能提高他们的责任心和领导力。平时，父母要利用男孩的这种心理，在生活中可以处处满足他们当“大王”的愿望。比如，抽出一个星期的时间，让男孩体验一下“当家”的感觉，或者做一做亲子角色互换的游戏，让孩子做回“男主人”，相信在他们小小的心里肯定能产生一种“当家做主”的成就感；如果是比较调皮、有坏习惯的男孩，父母可以让他来当习惯监督员，负责

纠正全家人的坏习惯，这样他在纠正别人坏习惯的同时也一定会偷偷地改掉自己的坏习惯。

另外，父母还可以在平时与男孩的对话中满足他们当“大王”的欲望。比如可以问问儿子：“小当家的，我有哪些地方做得不好吗？”“小当家的，你对这个事情怎么看，你有什么意见？”……虽然有时男孩的意见未必合理，大人也不一定采纳，但是这样的问话往往会让他们感到高兴，会觉得自己被尊重和重视。这种做“大王”的美差会让男孩满怀对生活的热情和积极性。

令父母苦恼的“破坏王”

好奇心强是男孩的天性，他们喜欢探索，对未知的世界充满了渴望。所以，在男孩的成长阶段，探索和发现是一项非常重要的过程。在男孩的世界里，他们不仅仅用眼睛看，用耳朵听，更多的时候是动手探索。所以，男孩喜欢的游戏活动通常是探险、寻找、挖宝等。而在寻找、探索和发现过程中，男孩们免不了要破坏掉一些物品，比如爬墙穿洞、踩坏屋顶、弄坏机器等。在做实验或者玩玩具时，由于知识经验的缺乏，男孩们往往喜欢通过拆卸的方式去研究物品的构造和功能，因此在父母眼里，男孩很普遍地被贴上“破坏王”的标签。

面对家里的小小“破坏王”，许多父母苦恼不已，为什么男孩那么具有破坏性？

据心理学研究，男孩的“破坏性”行为与他的生理和心理发育密切相关。男孩由于身心还未成熟，还没有具备责任感和义务感的意识，同时他们的自我控制能力比较差，在好奇心的驱使下，男孩会不顾后果地去探索，也想不到要为破坏行为负责。

当然，家里有一个喜欢弄坏东西的“破坏王”，很令父母大伤脑筋。但是，如果这种探索欲望能够得到理智的引导，无疑会提升男孩

的动手能力、观察能力、思考能力和创新能力。通过“破坏性”的探索，男孩会对物品的结构和其工作原理有一定的了解和认识，他的身心也将得到良好的发展。

浩浩特别喜欢拆卸东西。一天，趁妈妈不在家，他居然研究起妈妈心爱的手表。费了好大的劲儿他把手表的外壳拆掉，然后反复观察手表的工作原理……正在他研究得津津有味时，妈妈回来了。

妈妈一看，忍不住大叫道：“你在拆什么？”等看清浩浩拆的是自己心爱的手表时，气愤地说：“谁让你拆手表的？你怎么不是拆这个就是拆那个？”看着满地的零件，妈妈气得不断训斥浩浩。

很多父母难以容忍男孩的破坏行为，通常是出于对物品的爱惜，比如家里的贵重物件、一些小电器等。但是，如果仅靠训斥和禁止的方法遏制男孩的探索欲望，很难奏效，甚至适得其反。父母越是阻止男孩搞破坏，他们破坏得越欢。与其冲着男孩大喊大叫，不如鼓励他们把东西重新装好，或者坐下来与他们一起探索和组装。这样令人烦恼头疼的破坏活动就变成了有意义的实验活动。当然，对于家里特别贵重或心爱的物品，父母应该提前告诉男孩不要碰坏它们，更不能私自拆卸。对于一些电器类物品，更要严格阻止孩子们进行拆装活动，并且有必要对他们讲清楚日常生活中的安全隐患。一些结构精密的物件应该保存好，最好放在孩子找不到的地方。如果是特别喜欢动手实验的男孩，父母可以选择一些不重要、安全性较高的小物品让他拆卸，这样既不用严厉斥责管教，孩子的探索欲望也得到了满足。

对于不是特别贵重的物品，如果父母有兴趣，不妨可以与孩子一起体验“破坏”的乐趣，一起探索机械的原理，与孩子在“破坏”中一起成长。

如果男孩喜欢拆卸一些构造比较复杂的大型物件，如机械用具、家具、车子等，这时父母请一些有机械方面专长的朋友给孩子做“指导老师”，是一个不错的引导方法。通过专业老师现场指教和操作，孩子会将“破坏”活动变得像学习一样认真和投入。即使没有这方面

的朋友，父母也可以通过看书或上网提前了解和学习相关常识，然后把基本的机械拆装原理告诉孩子，这样既满足了"破坏"欲望，也达到了学习的目的。

与孩子体验拆装的乐趣，进行"破坏"活动，爸爸要比妈妈更适合参与。因为对于机械类问题，男士会显得比较专业和内行一些。在指导和参与过程中，父子之间也更容易配合默契。

父母千万不要小看孩子的每一项实践活动，在男孩的任何一种"破坏"中，说不定都会潜藏着莫大的惊喜和发现。随着男孩在"破坏"中学习和掌握了一定的专业知识，动手实践能力会不断地提高，这样他很可能就会从一个令人头疼的"破坏王"变成相当专业的"工程师"呢。

所以，对于酷爱拆装器械的男孩，父母完全用不着大费脑筋，与其呵斥加棍棒教育不如让他们发挥"破坏"特长，借着拆装的机会让他成为家庭的"维修工"。比如，让男孩安装家里的门把手，拧紧某个物件上的螺丝，或者给闹钟安装个新零件，给断腿的椅子修补完整。这些维修任务都可以交给男孩，让他们体验动手实践的乐趣和成功的满足感。父母不用喊叫，轻松让孩子自己学会变废为宝，只需在必要时提供一些指导即可。

当然，对于煤气管道、电器、水管之类的物件，父母最好不要让男孩参与拆装。因为这些物品的拆装只有通过专业人员才能完成，否则会给人身安全造成威胁。所以，父母要视情况安排男孩参与维修，让他的探索欲望得到进一步发挥。

正面管教：帮小男孩成长为"新男性"

澳大利亚著名家庭问题专家、育儿类畅销书作家史蒂夫·比达尔夫在他的全球畅销著作《养育男孩》一书中为家长们揭示了男孩在从

孩童向男人转变过程中面临的关键问题。

雄性激素和雄性基因确定了男女性别上的差异，这一点需要引起广泛注意，并以实际有效的方式慎重对待。作为父母，怎样帮助你的小男孩成长为勇气十足、意志坚定、高度敏感、关爱他人这样的“新男性”呢？史蒂夫·比达尔夫在《养育男孩》对此进行了总结，这里引用如下：

因为男孩能常：		所以我们需要：
易患分离焦虑症	⇨	让他们感受到父母的爱，尽量不和他们分开，例如3岁之前不要把他们送到托儿所。
长到14岁左右时，体内的睾丸激素会使他们焦虑不安，时常陷入与别人的争论这中	⇨	平静地指导他们——以理服人，先让他们平静下来，而不是对他们大声吼叫，或打骂他们。父必须清楚一点：父母必须身体力行，给他们树立一个好榜样，绝不能威胁他们。父亲应该是孩子效仿的榜样，他们应该让孩子懂得尊重母亲。
长到13岁左右时开始变得混乱无序（女孩同样如此）	⇨	教会他们井井有条地做事，比如整理房间、做家务、参加学校组织的活动。
精力过于旺盛，需要发泄出来	⇨	保证他们有充足的时间和空间来进行锻炼。
大脑的发育速度比女孩缓慢，因此在早年阶段，他无法完成一些精细动作	⇨	让他们入学年龄往后推迟一年，直到他能灵活地使用剪刀，懂得如何握笔为止。
大脑左右半球之间的联系较少，特别是语言区和感官区之间	⇨	给他们朗读，给他们讲故事，平时多和他们说话，给他解释事物。1～8岁这段时间内，这点尤为重要。
需要明确的规则，需要知道谁负责管理他们，	⇨	在家和学校内给他们创造安静有序的环境。学校应杜绝恐吓等不良现象的发生。
体魄强健	⇨	让他们知道，不能攻击别人，同时也应该教他们学会交流。
做事前不谨慎思考不顾后果	⇨	以朋友的方式和他们聊天，谈谈解决问题的方式、如何做出选择以及在他们所处的生活环境下，他们能做些什么。

——节选自中信出版社《养育男孩》，（澳）史蒂夫·比达尔夫著，丰俊功、宋修华译，2010年4月第2版P79.

第二章

不打不骂，养育优秀的男孩

养育优秀成功的男孩，从不打不骂开始。常规的不一定正确，适合的才是好的。适合的方法，普通男孩也能成为不平凡的人；不适合的方法，再有天赋的男孩也会流于平庸。不打不骂，给孩子合适的规矩深情的爱。

威严和威信不是教训出来的

有些爸妈认为，对男孩要严厉，不要多给他们笑脸，要让他们害怕，这样才能在男孩面前树立起威信，便于管教。可这种想法真的正确吗？这种方法真的奏效吗？

临近期末考试，小刚却迷上了电视剧《诛仙》。不管作业是否完成，每天晚上必须先看两集再学习。小刚的爸爸看着儿子把大量的时间都花费在了看电视剧上，非常生气，屡次劝他要抓紧时间学习，可是小刚不听。小刚振振有词地说：

“还有几集就演完了，等看完《诛仙》就专心学习，以后有再好看的电视剧也不看了。”

爸爸生气地说：“《诛仙》不看又能怎样，是学习重要还是看电视剧重要？你怎么这么不听话？”

小刚听了不耐烦，大声地对父亲喊道：“还有几集就看完了，刚开始看的时候你怎么不管？”

“你还敢跟我顶嘴！看电视能提高学习成绩吗？这都马上中考了，还没完没了地看这种电视剧。”生气的爸爸上前一把拔掉了电源。

“你为什么这么霸道，凭什么不让我看电视剧？”小刚生气地喊起来。

“我不让你看，你就不许看！越来越不听话，等哪天我好好收拾你！”

儿子看电视剧的权利被剥夺了，愤怒地回了自己的房间，一晚上也没有学习。小刚的父亲也气得没休息好。第二天小刚放学后，像往常一样坐在电视机前照看不误。小刚的父亲见状，抡起巴掌将小刚撵进屋子学习去了。

一味严厉地管束男孩，容易引起男孩的逆反心理，难以收到理想的效果。那么，面对“不听话”的男孩，家长该如何在他们面前树立起威信呢?

首先，在男孩面前树立威信，不能急于求成，而应水到渠成。它是父母运用恰当的教育方法，建立在与子女彼此尊重和信任的基础上，并在不知不觉中自然而然地产生的。

其次，在教育男孩的过程中，父母无须刻意树立威信，尤其要避免以教训赢得威信，否则只能事与愿违。这类父母通常无视男孩是否愿意听，也不管自己的语言是否恰当，在任何场合下都没完没了地指责男孩并要求男孩服从。在这种环境中成长的男孩，会对这种说教产生厌倦情绪。久而久之，他们对正确的教育也会产生反感。

再次，要想成为有威信的父母，在日常生活中应该以身作则。正所谓“其身正，不令而行，其身不正，虽令不从”。父母必须品行端正，身体力行，言传身教，切不可表面一套，背后一套；在外面一副面孔，在家里却又是另外一副面孔。要求男孩做到的，父母应首先做到。

再者，对男孩要管得严，哪怕是小错也不应轻易放过。但每次批评男孩之后，家长一定要想办法去安抚他，开导他，使他感受到父母的爱，不会对父母产生畏惧、抵抗心理。严与爱相结合的教育，最能建立真正的威信。

最后，父母不要管得太多，管得太琐碎，事无巨细都唠叨几句，这样就容易使男孩产生厌烦心理，反而不听父母的。而平时很少教训男孩，但抓住一些主要的东西一管到底，这样反而更有效。

别让打骂男孩成为家教的习惯

“望子成龙”是天下父母的心愿，并且现在中国提倡“一对夫妇

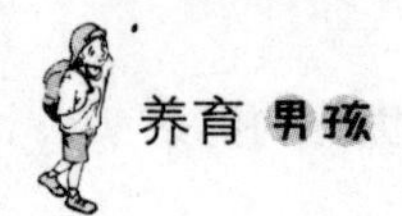

只生一个孩子”。孩子，尤其是男孩，自然成了家中的宝贝。可为什么仍有一些父母采用打骂的方式来教育男孩呢?

究其原因，主要有以下几点：

一是受传统教子观念的影响。如有“棍棒之下出孝子”“不打不成人，不打不成材”“打是疼，骂是爱，气极了，拿脚踹”等观念的大有人在。

二是有些家长小时候常被父母打骂，于是在教育自己男孩时也不自觉地继承了上一辈的教育方式。虽然他们深知被父母打骂的滋味不好受，心中会产生怨恨、反抗等，但毕竟自己早已迈过了那道坎，已经没有了切肤之痛，便糊里糊涂地以打骂的方式来教育孩子。

三是有些父母感觉教育男孩相当辛苦，再加上工作繁忙或其他原因，懒得动脑想其他方法来教育男孩，觉得打骂教育最直接有效。因此，一旦男孩犯了错误，就直接打骂——脾气暴躁的父母最有可能这么做。

四是取决于父母本身的生活状态。一些父母自己不成功，社会地位较低，往往会把操控男孩当成一种逃避和满足，甚至将自己在社会中的压力转嫁到男孩身上，比如要求男孩一定要出类拔萃，等等。

以上几个原因就是某些父母打骂男孩的主要原因，如果你也有打骂男孩的毛病，不妨对照一下。当然，也有的父母打骂男孩只是出于一时冲动，却可能酿成触目惊心的家庭悲剧。

有一对工作和家境都比较普通的夫妇，却有一个明显比同龄男孩更聪明、更活泼的不普通的儿子。

为了把这个好苗子培养成才，夫妇俩省吃俭用，为男孩报了各种辅导班，为孩子买电子琴并请了家庭教师。男孩也非常争气，学习很好，电子琴弹得也不错，特别讨人喜欢。

然而，就是这样一个好苗子，却不能让他的父亲满意，经常因一些小事被父亲训斥。邻居时常能够听到父亲训斥儿子的声音。在男孩还小的时候，父亲的训斥很管用。不过，随着男孩的日渐成长，父亲

的训斥越来越不见效了，男孩有时甚至会顶撞几句。于是，父亲便将“骂”改为“打”。

邻居过来劝解，男孩的父亲却说：“这没啥大不了的！官打民不羞，父打子不羞，男孩不打难成器……”就这样，在父亲粗暴的打骂之下，男孩开始逃学、打架、不思进取。当然，这样做的后果，自然是被父亲更加野蛮地暴打。

有一次，男孩因为顶嘴而被父亲用绳子吊起来毒打。母亲怕儿子被打残或打死，就向110求救。不过，那天之后他们就没了儿子的消息。等他们再次听到儿子的消息时，儿子已经进了监狱。他们夫妇去看儿子的时候，儿子怎么也不愿见自己的父亲。因为这件事，妻子一直不能原谅丈夫，两人也以离婚收场。

本应该其乐融融的家庭，就这样支离破碎了。父母爱男孩，对孩子严格要求本身并没有错，错的是不恰当的教育方法。现在确有一些家长在教育男孩时非打即骂，而不是用尊重、说服或沟通的方式。“棍棒之下出孝子”的教育观念已经过时，动不动就打骂、训斥的教育方法后果严重。

央视著名主持人白岩松说：男孩生活在批评之中，他就学会了谴责；生活在敌意之中，他就学会了争斗；生活在讽刺之中，他就学会了害羞；生活在暴力之中，他就会成为魔鬼！

心理学家也指出，杀人犯大多是在暴力的、缺乏爱的环境里成长起来的。

打骂不是教育男孩的好方法，也别让打骂男孩成为一种习惯。打骂男孩，只会造成严重的亲子隔阂；会让男孩失去自信，悲观厌世；会让男孩会变得脾气暴躁，心惊胆战；会让男孩对父母、对学校、对社会产生不满的情绪；会导致男孩说谎的行为；会促使男孩陷入孤独的深渊；会使男孩学习错误的解决问题的方式；会造成男孩人格畸形……一句话：棍棒下难出孝子，多出逆子。

没有坏小子，只有不会教的父母

在日常生活中，男孩一般比较淘气，经常会犯错误，做事莽撞、缺少经验、思维不够缜密等，这些问题都是难免的。孩子的判断力是有限的，他们往往搞不清什么是对，什么是错。而很多父母都会这样想，只要男孩犯了错，用训斥、打骂、恐吓是最有效的方法。做得不对要挨打，做得不好要挨骂，不做更要遭受数落，这样并不能使男孩知道自己为什么做错了事情，错在什么地方，反而增加对大人的反感和怨恨。据调查显示，那些以“批评”为主的家庭里，孩子一般对父母的意见常常持否定态度。在孩子的眼里，认为“父母不信任自己”和“为什么总是遭到斥责”是自己最大的烦恼。

每个孩子都有自己的特点，父母应根据自己家孩子的实际情况对症下药，用恰当的方式来教育孩子。对于有男孩的家庭，男孩的错误和不听话决不是能用激烈的暴风骤雨方式解决的。尤其是作为年轻父母，应该明白，批评是伤害孩子自尊心和自信心的最大敌人，而培养自尊心和自信心才是教育的重要责任。

不要羞辱男孩。无论哪一年龄段的男孩，都不喜欢受到大人的训斥和羞辱，对男孩来说，训斥就是一种耻辱。因为男孩更在乎别人对他们的看法，特别是他们的朋友。即使有必要进行指责的话，也应该私下善意地告诉给孩子，哪些事能做，哪些事不能做。千万不要在别人或者在小伙伴面前揭孩子的短处和批评孩子。

父母要与孩子坦诚相待。在教育过程中难免遇到一些麻烦，尤其是当男孩的行为明显有错误甚至十分严重时，父母可能会因生气和感到受了伤害而大发雷霆，但最好的办法是与孩子真诚地交谈，从而迅速帮助孩子走出误区。

没有一个孩子认为自己是个坏小孩，那样自信心、自尊心就会受到严重损害，甚至形成“破罐破摔”的不良心态。心理学认为，常常用非良性的心理暗示会影响孩子的发展。很多男孩的心理障碍，都是

起因于家长一些不正确的说法。另外，对男孩进行不适当的比较会使男孩逐渐远离他的兄弟姐妹或伙伴。对男孩的一些小毛病、小缺点反复指责，会影响孩子的心灵健康。

父母粗暴打骂或体罚孩子，与过分溺爱与放任一样，都会明显增加儿童品性障碍的发生，容易使孩子形成自我否定意识，产生抑郁、退缩、胆小等心理，使孩子不能很好地适应社会环境。另一方面，由于男孩比女孩的模仿能力强，长期的责骂和指责会使男孩产生顶撞、反抗等攻击行为，严重的可导致违法犯罪。

在教育男孩方面，父母应当既是严格审慎的长者，又是诚挚可亲近的朋友。

以“骂”代“教”不可行

男孩的确不易管教，把男孩管教好不仅是一门技术，而且是一门艺术。不要批评男孩的人格，而应批评他的行为。如果男孩做错了事，只需指出这样做是错的，并告诉他如何做是对的就可以了。要对男孩强调应该做什么，而非不该做什么，这样教育男孩才更能收到积极的效果。

遗憾的是，有些家长在教育男孩时，总喜欢边责备边辱骂。比如，“你真笨！”“跟猪似的”“天哪，你怎么就那么不开窍！”如果男孩不懂事，成绩不好，有的父母就会骂：“笨蛋！你看人家×××考了多少分，你看你，长大捡破烂去吧！”“到学校干什么去了，就吃饱了等放学啊？”男孩犯了错误，就会说：“你还不如死了，活着有什么劲！”

大多数父母对男孩比对女孩要求更严格，对待错误和缺点也十分严苛，发现错误也会及时地加以批评。在教育男孩的问题上，这种不袒护、不放任的负责态度并没有错，这可以说是父母对男孩爱的体现。但是这种批评式教育或许可以起到短时的效果，长期使用就不见得十分理想了。偶尔的批评可以激发男孩的进取心，让他们听话，变得乖巧些，但是如果一遇到孩子犯错就批评，对男孩的身心发展是极为不利的。

根据心理学研究，批评教育的方式并不符合男孩的心理发展特点。每一个孩子都有上进心，即使是缺点很多、毛病一大堆的男孩，他们也是希望得到大人的表扬和肯定的。当孩子得到大人尤其是父母的肯定和表扬，会表现出积极、热情、开心和愉快的情绪。对于容易淘气和不听话的男孩，经常夸奖会让他们变得坚强、勇敢和自信，无论在精神、情绪上，还是在思想上，都会获得激励。这种积极的正能量逐步丰富和加深，男孩的自信心、自尊心和上进心也会随之增强，产生“我要做得更好”或者“我会继续努力的”的良性循环。

反之，如果男孩经常遭受大人或老师的批评、数落，心里郁郁寡欢，他们就会越来越觉得自己一无是处，情绪消沉，逐步丧失自信心、自尊心和上进心，变得懦弱甚至会产生逆反心理。特别是那些成绩平平、表现得不突出或者“惹人烦”的男孩，如果平时就很少听到肯定、赞扬的话，听到的多是批评和数落，那么他们很容易产生自暴自弃的念头，觉得自己反正是一个坏孩子、不讨人喜欢的孩子或者笨孩子，从而将批评和指责当作耳旁风，对任何管教都会觉得“无所谓”，这种教育态度是危险的。

虽然说批评教育在中国家庭很普遍，几乎成了家常便饭，但是对于成长中的孩子来说，一次小小的批评也很可能成为他们幼小心灵上的“创伤”。不能肯定自己，觉得自己没用、不可救药等想法，其源头也大多来自不当的批评方式。

男孩一旦被管教得精神“麻木”了，想改变和进步也会变得非常困难。而许多父母觉得男孩对他们说的话听不进去而头疼，是因为不知道过度地批评孩子会适得其反。

所以，父母要想让孩子重新变得听话懂事，就先改变不良的教育

方式，对每一个男孩不要抱有成见和偏见，无论他有多么优秀还是平凡。古人说的“数子十过，不如奖子一长”，就是这个道理。

长期在大人的责备、批评甚至辱骂下长大的男孩，在情感上也会显得比较生疏。比如不愿意亲近大人甚至疏远父母，学会撒谎，阳奉阴违，性格孤僻，沉默自卑，内心敏感、自尊心容易受到伤害等。一旦在男孩的心目中形成父母只有威严而没有威信的形象，那么他们对待父母也只有可畏，而不会表现出可亲可敬。所以，父母教育男孩，要以理服人，以气势压服并不能赢得孩子的心。

以“打”代“教”不可取

如今把“打”作为教育手段的家长不在少数。越是自私的父母，越用此方法“教育”男孩。结果不仅将男孩的学习热情“打”消了，也将男孩的探索精神“打”没了，给男孩身心两方面都造成了巨大创伤。

几位家长在交流教育男孩的“经验”。其中一个说：“对男孩别舍不得下手，狠不下心来可不行，不打不成器，该打就得打，‘三天不打，上房揭瓦’这话没错。我每周至少得打儿子一顿。”另一个也接着说：“对，对，对！男孩皮实，打一顿没什么事，还能让他长记性。”又有人附和道：“在单位里当个领导，管几十人不简单，管自己的儿子能有多难？不听话，调皮捣蛋，随手抄起木棒、笤帚往身上抡一通，看他以后还敢不敢！”

简单而粗暴的方式教育男孩，会给男孩带来极大的伤害。

一位身材高大、打扮入时的父亲抱着孩子在站台上等车。孩子看上去是个2岁左右的小男孩，为了轻松些，他把男孩从怀里放了下来，让孩子蹲在站台上玩。不一会儿，小男孩看到地上有个烟头，十分好奇，于是捡起烟头，然后把包裹烟卷的纸撕开，想看看里面有什

么。这时父亲低下头，他看到孩子正在费劲儿地撕烟卷，满手都沾满了烟灰末。他弯下身子，从小男孩手中迅速地拿走了烟头，接着狠狠地打了两下小男孩的小手，边打边生气地问："还捡不捡了？"小男孩哭着说："不捡了，不捡了。"

对幼小的孩子抡巴掌或打手心的行为是可怕的，更是不可取的。每个孩子都具有强烈的好奇心，喜欢对各种没见过的东西感兴趣或者探究。如果用抡巴掌的方式阻止孩子的探索欲望，或者用打手心的办法惩罚孩子的好奇心，那么孩子以后对新事物的感知能力就会降低，变得胆小害羞。生活中有很多这样的父母，认为很多的东西孩子是不能碰的，地上的脏垃圾、碎纸片、硬币或者食物，更不能去捡，否则就要挨打。因为吸烟本身是坏习惯，小男孩更不该对烟头感兴趣，因此用打手心的方法让他记住，不要随便捡地上的东西。可是，这位父亲忽略了孩子都有好奇的天性，这是儿童幼小心灵对新事物本能的感知行为。孩子的好奇欲望还没有实现，就被父亲的打手心打了回去，而打手心的行为所带来的后果就是：小男孩从此可能就会记住，没见过的东西不许捡，不能看见什么东西都感到好奇，探索未知是不对的，长期下去的结果就是孩子对自然中的事物渐渐失去热情和兴趣。

观察发现，男孩挨打后，心灵也同时受伤，会变得胆小畏缩，不敢去探求、去尝试。而且为了逃避挨打，往往会被迫违心地说谎，隐瞒过失。而这种办法一旦奏效，男孩便会一再使用，变成了谎话连篇的人。再者，经常被打的男孩会变得脾气急躁，心惊胆战，对父母、对学校、对社会都会产生不满情绪。比如，因为历史没考好而挨打，他会憎恨历史知识、历史教师，甚至憎恨学校。一旦有机会，男孩可能会做出让人意想不到的事情。

简单粗暴地打男孩是绝对不可取的教育方式，家有男孩的父母要谨记。

正面管教：告诉孩子“你真棒”

“你瞧人家！”这是今天的父母最爱说的话，也是今天的孩子最不爱听的话。你知道吗，你的孩子和人家的孩子是不同的。

作为父母，你应该相信你的孩子生下来就是最棒的。他来到这个世界上的任务就是把他“棒”的地方奉献给这个社会，让世界因为有了他而更美丽！你没有理由瞧不起自己的孩子，即使大家都瞧不起他，你也要对他说：“你是最棒的，我相信你一定能行！”“走自己的路，让人家去说吧！”

“知心姐姐”卢勤说：孩子你说他行，他就行；你说他不行，他就不行。你为他喝彩，他会给你一个又一个惊喜；你说他不如别人，他会用行动证明他真的很笨。聪明的大人就是用“你真棒”这样的语言来塑造孩子。

“你真棒”这样肯定的语言，是孩子成长的正信息；“你真笨”这样否定的语言，是孩子成长的负信息。孩子的心灵像干涸的小苗，渴望被肯定，渴望得到积极的评价！做父母的应该对孩子这样说：

1.“把自信找回来”

父母要相信孩子。每个孩子都有巨大的心理潜能，关键是你能不能把它开发出来。美国教育家把教育子女的全部奥秘归结为四个字——信任孩子。当然，孩子的消极想法并非一两句话就能立刻消除的，父母们接下来要定下有效的方法帮助孩子重建自信。

2.“你真棒！你能行！”

“哈佛女孩”刘亦婷、《赏识你的孩子》中战胜耳聋成为大学生的周婷婷等成功的例子，无不证明鼓励和赞美在培养孩子中有着巨大的作用。西方的家长从不吝啬对孩子说“你很了不起”“你真棒”“你能行”等赞美之语，其目的就是使孩子获得成就感，增强自信心。

3.“自己的事情自己作决定”

孩子能够做的事绝不包办。父母要有意识地培养孩子自我服务的能力。当孩子老是想让你帮忙的时候，要对孩子说“自己的事情自己做，自己的事情自己决定”诸如这样的话语。

4.“孩子，你的进步很大，我为你感到高兴”

面对孩子的问题，要心平气和地与孩子探讨产生的原因，提出严格的要求和建设性的意见和方法。允许孩子有尝试改进的时间，这样孩子就有被信任、被重视、被关爱的感觉。

5.“像个男子汉那样思考和行动”

生活中，有些男孩总是喜欢与女孩子扎堆，愿与女孩聊天，而不愿与男孩活动，言行举止女性化，细声细气，注重打扮。面对这样的孩子家长要适时地、经常性地在孩子面前提起那些颇具性格震撼力的人或事件，在孩子的意识中逐步强化男性品格及行为规范，如有必要，可以培养偶像崇拜，甚至性格崇拜、品格崇拜。

6.“孩子，抬起你的头”

作为家长要经常分析并肯定孩子的进步和成绩，使他们的自尊心不断地得到证实。要绝对禁止孩子说自己“笨”，没出息、没信心等。要鼓励孩子以最充足的信心，最饱满的精神，最高昂的斗志，全力以赴，战胜困难。

7.“分数并不是最重要的，重要的是你真正努力了”

当孩子拿着分数很低的试卷回家，父母首先应该表示对孩子的理解。要告诉孩子：“分数并不是最重要的，重要的是你真正努力了。”这才是恰当的教育方法。

8.“告诉自己，我能做到”

经常用激励性的评价来肯定孩子的每一点成功与进步，通过语言或表情的方式给予心理暗示，对孩子说“告诉自己，我能做到”等激励性的语言。让孩子相信经过自己的努力，一定能实现自己的奋斗目标。

9.“试着自己解决这个问题”

当孩子提问时，父母可以先反问孩子：“你觉得呢？”“你认

为呢？”“为什么呀？”等，来引导孩子先思考答案，再自行寻找答案。这样的方式可以加强孩子的逻辑思维能力。

10.“千万不要被身上的小障碍打败”

父母要教会孩子正视自己的弱点和缺陷。等到孩子心情较好的时候，可帮助孩子找到改正的办法，例如：“同学们笑你说话结巴，那么我们尝试寻找一些改善的办法吧，每当你要表达自己的意思时，不要激动和紧张，慢慢把话说清楚。”

第三章

特别狠心，要男孩尽早自立自强

培养男孩自立自强的意识，对于男孩今后的成长有至关重要的作用。他会在今后的成长过程中摆脱依赖心理，在工作中形成自己的意向，做出自己的决定。做事会更充满信心，不至于陷入孤立无望的境地。

自立自强是培养男孩未来独立性的基础。独立性是一个人非常重要的心理品质，对人一生的发展和成才起着极为重要的作用。

让男孩做力所能及的事

顾名思义，自立就是自己的事情自己做，不会的事情学着做，而且一定要做好，不依赖别人。每个人来到这个世界都要学会自立，因为自立是人在社会上的立足之本，只有学会自立，才能在这个充满竞争的社会上生存下去。

在国外，许多家庭的父母十分重视从小培养男孩的自理、自立能力。在男孩的幼年时期，父母就已经着手锻炼男孩的独立生活能力了，他们还主张教育男孩要“放手不放任”。从童年时期，国外父母就设法给男孩创造各种机会和环境，让他们自我锻炼，以适应不同的环境。

比如，瑞典家庭的男孩在出生后，就开始训练他的独立能力。他们很少会在父母的怀抱里撒娇、哭闹，有自己的小床和活动空间，不会走路时出门用小推车，会走路以后自己行走，完全不用父母带领或抱着。在男孩很小的时候，就已经拥有独立的卧室，不会与父母睡在一起。

德国家庭的男孩基本上是1岁左右开始学走路，在摇摇晃晃的艰难前进中，父母训练他们跌倒了要自己爬起来，一次次地跌倒，再一次次地爬起，从而养成了男孩坚强的性格。那种一跌倒就赖在地上坚决不起来、大哭不止、一直等大人扶的情况是不存在的。

美国家庭的男孩在1岁左右就已经自己吃饭了。父母将男孩“绑”在儿童座椅上，把食物放在餐桌上，让他们自己用小刀叉吃饭。即便男孩吃得到处都是，脸上沾满了奶油，将饭菜打翻，父母也不急不恼。那种一边哄一边喂饭的情况是不允许的。所以，在美国家庭中，2岁的男孩完全能与父母一块用餐。

美国中学生有一句口号“要花钱自己挣”，上大学要靠自己打工

挣学费，在美国新罕布什尔州有77%的高中生打工。

相比之下，我国的许多家庭，特别是在物质条件比较优越的独生子女家庭中，由于父母过度地保护、溺爱，使男孩成长到十几岁仍难以独立生活。处处依赖父母，生活自理能力差，性格上也多脆弱、胆怯。父母应该清楚，自己不可能跟男孩一辈子，也不可能包办一辈子。所以父母要从小锻炼男孩自理自立的能力，培养坚毅顽强的性格，增强适应环境的能力，这样做将使男孩受益终生。

在我国，很多男孩由于从小就生活在蜜罐里，被父母呵护着，独立意识削弱，依赖心增强，缺乏基本的生活自立，“手不能提，肩不能抬”，真成了温室里的花朵，不能经历风吹雨打。有的父母在金钱方面，也过于纵容男孩，要多少就给多少，这样让男孩从小就养成了挥金如土的习惯，认为只要伸手，钱就是可以得到的，根本就不会理解父母挣钱的辛苦。父母这样的教育方式，男孩在将来竞争激烈、复杂多变的社会中，很难轻易找到自己的位置，将会被时代淘汰。父母的这种教育方式，对男孩而言，不是爱，而是一种伤害。

男孩不能自理或者懒惰的习惯，大多都是父母造成的！从小培养男孩的劳动意识，不仅是对男孩生活自立的锻炼，同时也有助于开启男孩的智力，让男孩的人格更加完善。

李刚是家里唯一的男孩，从小时候开始，妈妈就什么都不让他做，他能做的、不能做的事，都被妈妈包了。

李刚长到四五岁了，爷爷、奶奶、外公、外婆都还围在他的身前身后不停转：吃饭有人喂，衣服有人洗，真是“衣来伸手，饭来张口”。

有时候，李刚也想帮着大人们做一点儿事，但都被阻止了，李刚看见奶奶在洗衣服，就走过去想帮奶奶洗袜子，可是奶奶却心疼地说：“不用你洗，到一边玩去吧。”李刚看到妈妈在扫地，就走过去想帮忙。可是妈妈也说：“不用你扫，到屋里看电视去吧。”李刚在屋里屋外转了一圈也没有帮上忙，大人们什么活也不让他干，就这样李刚的每一次想帮助大人做事的愿望都被制止了。后来，渐渐地，李刚把这当成了一种习惯，即使需要帮忙的时候，也懒得去做了。

有时李刚在写作业时，妈妈来到他旁边扫地，他连脚都不抬一下；奶奶叫他帮忙拿东西，即使举手之劳，他也懒得拿。

李刚为什么变得越来越懒惰呢？其实，李刚并不是天生就是个懒男孩，是因为家人从小没有对他的劳动能力进行培养，把一切他能做的事都给代劳了。

有许多事情男孩原本很乐意去积极参与。但是，许多父母却扼杀了男孩的积极性。例如：有的父母为了省掉男孩惹事后要替他善后的麻烦，就对男孩的一切事情都大包大揽，男孩在家里是要什么给什么，养成男孩饭来张口、衣来伸手的恶习，对生活都缺乏了自立。

如果已经意识到了你的孩子，已经被你宠坏了，已经变得很懒惰了，已经丧失了一些自理自立能力，连一些基本的小事都不能做到，那么，建议你赶紧从下面的几个方面来进行临时补救：

（1）根据男孩的生理发展，逐步对男孩提出要求，从易到难，3岁的男孩可以训练他自我服务的基本本领，如吃饭、刷牙、洗脸；4岁时可以学习整理床铺、打扫卫生以及自己照料生活；5—6岁的男孩可以要求穿衣服时速度要快、整齐，洗脸一定要洗干净，还要会做一些简单的家务劳动，如拖地、洗茶杯等。

（2）为男孩必要的生活自理创设必要的、合理的条件。如：让他有自己的房间，衣服放置在低矮的橱里，便于男孩取放。

（3）教会男孩一些基本生活自理的方法和技能。如教男孩洗脸的顺序，把毛巾拧干后，先擦眼睛、脸部、前额，然后再擦耳朵、耳背，最后再擦颈部等。

（4）反复加强男孩自立的训练。男孩的自立只有在不同的实践中才能做得更好，让男孩养成自觉爱劳动的习惯。如果你的男孩表现得很好，你就要给予表扬。父母爱劳动对男孩是最好的榜样，所以，父母就应该时时注意，要在男孩面前做出好的表率。

父母一定不要再束缚在包办孩子一切的思想中，放手让自己的男孩去做一些力所能及的事，把他看成是一个独立的个体，培养他的自立才是父母应当考虑的首要问题。

曾有研究表明：男孩在成长期，心理活动的主动性都会增加，对自己感兴趣的事情都想去尝试和体验。

从男孩自身发展的角度来说，不给予男孩锻炼的机会，就等于是扼杀了男孩自理能力发展的机会，长此下去，男孩就会忘记了自己的使命，缺乏独立处事的能力。所以每一位父母都要本着“大人放手，孩子动手”的观点来教育男孩，让男孩有能表达和坚持自己观点、有自己说“是”的机会。

自我服务是男孩发自内心所需的。培养男孩的自我服务能力，是为了适应未来社会的需要。我们要培养男孩成为一个有用的人才，不应该只注重男孩的文化知识，还要让男孩拥有一些基本劳动技能。让男孩在自己事情自己做的过程中，增强自信心，提高独立做事、独立思考、独立解决问题的能力，久而久之，男孩就能形成良好的品质。

著名教育专家陈鹤琴先生说：“凡是孩子能做的事情都应该让孩子自己做，不要替代他。”引导男孩独立思考的能力，不仅是让男孩能够自己独立去完成某件事，还要让男孩在遇到难题时能够独立去思考。具备独立思考能力的男孩，往往会对新鲜的事物特别好奇。而作为父母，这时就应该尊重男孩的这种好奇心，当男孩提出很幼稚的问题的时候，不要嘲笑男孩，避免男孩的自尊心受到伤害。

为男孩一生的发展打下一个良好的素质基础，这是每一位父母不可推卸的责任。父母是不可能事先全部办妥、代替男孩的未来的。因此，深爱男孩的父母们，放开你们的手，让男孩们去做自己力所能及的事情吧！

要克服男孩的依赖心理

男孩的一些不良表现与父母的教育是分不开的。现在很多的父母，虽然望子成龙，但对男孩过分疼爱，从小让男孩享受着优越的生活，依附在父母身边，不能走出父母的“监管”，没有机会让男孩从琐事中锻炼独立性，这种教育观念有待改正。

据观察发现，随着男孩慢慢长大，他的依赖心理就慢慢显现出来了，很多父母这时候就会很着急。男孩如果有以下一些依赖性行为，父母就应该予以重视了。

（1）在休息时，只想和父母待在一起，而不想与其他男孩一起玩耍。

（2）经常向父母请求太多的指示、说明和建议。

（3）如果父母不坐在旁边、手把手地教他应该怎样参加某项新活动，他就不愿参加。

（4）当父母没法辅导他作业时，他就不愿独立地完成这些作业。

男孩一旦开始依赖父母时，那父母就要注意了，必须及时地对男孩纠正，首先，要对男孩产生依赖心理的原因进行分析，以此为基础，来对男孩的依赖心理使用一定的策略。

当男孩跨进青春之门的时候，他就开始具备一定的独立意识，但他对别人尤其是父母的依恋常常困扰着自己。依赖，是心理“断乳期”的最大障碍。随着身心的发展，男孩一方面比以前拥有了更多的自由度，另一方面却担负起比以前更多的责任，面对这些责任，有些男孩感到胆怯，觉得自己无法跨越依赖别人的心理障碍。他们容易失去自我，遇到问题的时候，自己不动脑筋，易产生从众心理。依赖别人，意味着放弃对自我的主宰，这样往往不能形成独立的人格。

依赖心理主要表现为缺乏信心，放弃了对自己大脑的支配权。往往表现出没有主见，缺乏自信，总觉得自己能力不足，甘愿置身于

从属地位。总认为个人难以独立，时常祈求他人的帮助，处事优柔寡断，遇事希望父母或师长帮自己做决定。

依赖性强的男孩喜欢和独立性强的男孩交朋友，希望在他们那里找到依靠，找到寄托。学习上，喜欢让老师给予细心指导、时时提出要求，否则，他们就像断线的风筝，没有着落，茫然不知所措。在家里，一切都听父母摆布，甚至连穿什么衣服都没有自己的主张和看法。一旦失去了可以依赖的人，他们会常常不知所措。

具有依赖性格的男孩，如果得不到及时纠正，发展下去有可能形成依赖型人格障碍。依赖性过强的人需要独立时，可能对正常的生活、工作都感到很吃力，内心缺乏安全感，时常感到恐惧、焦虑、担心，很容易产生焦虑和抑郁等情绪反应，影响身心健康。

那么，孩子为什么会在对别人的依赖中迷失自己呢？这是因为：依赖的产生同父母的过分照顾或过分专制有关。现在的孩子多为独生子女，父母常常对子女过度保护，一切为子女代劳，他们给予子女的都是现成的东西，孩子头脑中没有问题、没有矛盾、没有解决问题的方法，自然时时处处依靠父母。

对子女过度压制的父母还会一味否定孩子的思想，时间一长，孩子容易形成“父母对，自己错”的思维模式，走上社会也觉得“别人对，自己错”。这两种教育方式都剥夺了子女独立思考、独立行动、增长能力、增长经验的机会，妨碍了子女独立性的发展。要克服男孩的依赖心理，可从以下几个方面着手：

（1）要纠正男孩平时养成的依赖习惯，提高男孩的动手能力。教导男孩多向独立性强的同学或朋友学习，不要什么事情都指望别人，遇到问题要做出属于自己的选择和判断，加强自主性和创造性。

（2）要帮助男孩在生活中树立行动的勇气，恢复自信心。自己能做的事一定要让男孩自己做，他没做过的事也要让他尝试着去做。

（3）丰富男孩的生活内容，培养其独立生活能力。让男孩在学校中主动要求担任一些班级工作，以增强主人翁的意识；使男孩有机会去面对问题，能够独立地拿主意、想办法，增强自己独立的信心。在家里，男孩该干的事要让他自己去干，如穿衣、洗碗、打扫卫生等，不要什么都推给父母，自己做个“小地主”。

总之，父母要改变旧观念，要严格要求男孩，让男孩通过自己的劳动去取得成功。在男孩的独立性方面下功夫，放手让男孩大胆去做、去实践、去尝试。

趁早培养男孩的独立能力

日本思想家福泽谕吉说：“教育就是授人独立自尊之道，并开拓躬行实践之法。”又如陶行知先生所说：出自己的力、流自己的汗、吃自己的饭，这才是英雄汉。然而，不少父母心太软，对男孩的一切大包大揽，进行一条龙“全方位”“系列化”服务，白天接送、晚上陪读，直至填写志愿。“设计”的产物、“包”大的一代，如同温室中的花朵，患了“软骨症”，见不了世面，经不了风雨，结果独生子却难独立，这种现象着实令人担忧。

每位父母都希望自己的男孩能成为矫健的雄鹰，但是想要让雏鹰变成雄鹰，就必须让它学会自己飞，让它具备独立生活的能力。因此，父母要想让男孩成为国家栋梁之才，自立地生活，从小就一定要注重对男孩独立性的培养，提高男孩独立做事的能力。父母可以从下面几点来进行指导：

（1）从男孩的生活常规教育开始。常规教育即良好的生活卫生习惯和文明行为习惯两大方面。男孩从小就应养成良好的生活卫生习惯，这是最基本的生活需求。比如，从小教给男孩洗手、洗脸、洗脚、洗澡、擦鼻涕，保持个人卫生的整洁；教给男孩自己按时吃饭、睡觉以及如厕的生活习惯；教给男孩做个讲文明懂礼貌的好孩子，具体表现在尊敬长辈、爱护同伴、爱护公物、使用礼貌语言等。

男孩一旦有了独立意识，他们就会主动做事，自己拿勺子吃饭、自己去搬小椅子，自己收拾玩具，自己按时睡觉……伴随着年龄的增长，这种独立性的表现会越来越明显。当男孩渴望独立时，父母一定不要给予否定，要重视、支持、鼓励男孩。比如当男孩想要自己去尝试做一件事时，父母可以鼓励他："只要是你想做的，相信你一定会做得更好。"

（2）给男孩创造独立的成长环境。外在环境对孩子的成长具有潜移默化的影响。父母要培养男孩的独立性，首先要给他建立一个身心自由、能够独立活动的成长环境。比如平时把男孩的玩具放在他自己可以拿到的地方，玩具收纳箱放在可以让男孩自由拿取的地方，让男孩养成主动收拾玩具的习惯。男孩做手工游戏时，供他画、剪、钉、编的纸、笔、剪刀、针、线等工具要准备好，训练男孩自己动手的能力。在现代家庭中，父母还专门设立了一个亲子活动区，在室内有一个单独的房间或角落供男孩玩耍游戏，在室外建立一个自由活动场所，让男孩享受户外活动的乐趣。

父母要给男孩一些主动性，给男孩一个表现自己的机会。比如父母在做事的时候，遇到一些简单的家务活，可以请男孩帮忙，比如说"你试一下吧！"给男孩活动空间，男孩会喜欢，也会尽力去做得更好。

（3）给男孩一个自由成长的空间。传统的清规戒律式教育显然已不适应现代家庭教育的需求，只有给男孩一个自由的成长空间，才有益于他身心的健康发展。我国著名教育学家陶行知先生曾提出，对孩子要实行"六大解放"，即：解放大脑，让孩子自由想象；解放双手，让孩子自食其力；解放双眼，让孩子放宽眼界；解放嘴巴，让孩子畅所欲言；解放空间，让孩子亲近自然，认识社会，开扩眼界，丰富学识；解放时间，让孩子拥有自由和快乐，做自己喜欢做的事。

培养男孩的判断力和决策力，是独立性发展的一个重要方面。提高男孩的判断能力，让男孩做个有主见、擅思考的人，通过自己的判断，来确定怎样玩游戏，玩具该放在哪个位置，和谁一起玩等问题。刚开始让男孩自己做决定时，他可能会面对多种选择一筹莫展，犹疑不定，但是经过几次训练之后，男孩就会在游戏中摸索到了一些“经验”，而逐渐学会了正确的判断和做决定。在和小伙伴一起做游戏过程中，男孩会判断出自己喜欢玩哪种游戏，不喜欢玩哪种游戏，和哪些小朋友一起玩会感到开心，不喜欢和谁玩等。男孩有了自己的判断能力，就不会按照父母的吩咐去指定交朋友了，有时父母不愿意让男孩和某个小朋友一起玩，结果却是男孩和那个小朋友最合得来。这种情况也很常见。所以，男孩在解决和处理自己的事时，父母不要过多地干预，只要帮男孩分析问题，提出自己的见解，引导男孩去做出正确的判断就好。

（4）让男孩经历磨炼。从男孩学走路开始，父母就需要适时地放开手，让男孩自己去练习走路，体验从跌倒到爬起的过程，而不是男孩一跌倒，父母就忙着扶起。没有体验挫折，就始终无法学会成长，为了男孩，让他自己跌倒自己爬起来！不要担忧男孩身上那些在尝试的过程中留下的伤，那是他们成长的印记，是经历磨砺后的纪念。

父母要告诉他一些相应的技能和知识，即不仅是自己乐意去做事，而且还会自己独立把事做好。父母要教男孩去独立完成自己的学习任务和事情，自己去和伙伴交往，当男孩与伙伴产生矛盾时，指导他，让他自己解决问题。

总之，男孩不应该在父母的影子下成长，跟在父母后面做父母的“尾巴”。努力培养男孩的独立性才是父母重要的功课，让男孩自发地去做，开始没有做好，并不代表以后都不会做好，俗话说：“万事开头难。”作为父母，要陪男孩一起度过开始难走的日子，让男孩聚集能量，有独立面对事情、解决事情的能力。

男孩的事情让他自己负责

现在的家庭普遍只有一个男孩，父母们会非常疼爱也是情有可原。加上父母在男孩的教育上普遍存在注重男孩的学习而不重品德培养的问题。因此，导致男孩劳动能力很弱，缺乏劳动精神，进而使男孩的责任感流失，自己的事情自己不负责。

一个14岁的男孩，吃饭过后收拾桌子，桌子擦得不干净；扫地时只扫一些看得见的地方；在学校值日时这里落下一个纸片，那里落下一堆土；做作业时只想早点儿做完，一味地图快，写字不工整，卷面不整洁，错误很多；父母叫他帮忙倒垃圾，垃圾会掉落很多在地上；老师让他帮忙发作业本，他会把作业本直接往教室讲桌上一放，拿出自己的本子就走……

以上种种现象，反映了男孩责任心差，对自己的事情不负责任。责任心是一种难能可贵的品质，在男孩童年时期培养男孩的责任心是非常重要的。而我们现实生活中就有很多男孩缺少这种可贵的责任心，无论是对学校的工作还是家务劳动，无论是对自己的学习还是替人办事，全都是敷衍了事。

男孩出现的这些现象，许多父母还没有引起重视，有的还会替男孩去辩护。说男孩不懂事，太小贪玩，长大后自然就会好的。

有些家庭，父母做事都不负责，对男孩从小就忽略了严格要求。男孩从小看见父母做事只是敷衍了事，那他也就学着做；男孩看见父母扫地时，是东落西落的，那他下次扫地时也就如此；有的父母从小就跟男孩说“做了就不错了”“给你多少钱就做多事”，那么，今天男孩就会对他人交给他的事也持这种态度，自然也就谈不上有责任心了。

责任心是一个人的立身之本。因此，在家庭教育中培养男孩的责任心应当是重点。

男孩的“通病”就是做事坚持性差，父母在教育男孩“自己的事

情自己做”时，需要适时给男孩一些鼓励，提高男孩做事的兴趣，让男孩慢慢养成做事有始有终、有责任心的良好习惯。

首先，教男孩养成自己的事情自己做的习惯。做事不能善始善终的男孩，是不会有健全的责任感的。因此，生活中，父母和老师要让男孩自己的事情自己做，不要代办，更不要替男孩对事情负责。要让男孩清楚，哪些事情能做，哪些事情不能做，哪些事情适合自己做，哪些事需要成人的引导才能做。还要让男孩明白，在学校里，自己是班里的一员，就有责任去协助老师和同学完成集体的活动，在家里要尽自己的能力、责任去做一些力所能及的事。

其次，在日常生活中，父母要注意从点滴的小事中引导男孩具有责任感。不管事情的结果怎样，只要是男孩独立完成的，就应当引导并鼓励他对所做事情要敢作敢当，要有责任心。作为父母，也不能把责任都揽到自己身上，这样会给男孩提供一个不负责任的机会，促使男孩淡漠责任感。

另外，男孩能否自觉学习也离不开责任心，父母要引导男孩要读好书，让男孩从精神上获得满足，在无形中让男孩的心里形成一种责任意识。另外，父母还要同男孩一起找一些在身边发生的、有责任感的好人好事加以强化，也是引导男孩责任意识的方法之一。父母还要注意引导男孩具有辨别是非曲直的能力，预防来自社会或其他方面的消极干扰，形成对人、对事真诚负责的态度，从而从中获得成就感，提高责任意识。

责任感是指一个人对他人、对自己、对事情、对家庭、对集体、对社会所采取的一种自觉承担义务和负责的态度。当一个人自觉地承担责任时，会是一种美好情感的体验。经常有人这样说：“现在的孩子真是一代不如一代，一点儿同情心、责任心都没有。”其实，关于这些说法，我们应该两面看待，要分清形成责任感的主观因素。责任感不是单纯在嘴上说就能形成的，而是需要建立在家庭生活、人际交往和社会活动的基础之上，在多种主观因素的共同协作下慢慢形成

的。男孩责任感形成的客观因素包括家庭、学校、父母、师长、朋友的言传身教和大众媒体的影响，而男孩的身心发展、认知水平，则是责任感形成的主观因素。因此，培养男孩的责任感必须要建立在认知、情感和行为等多种因素的基础上。

教男孩懂得责任感的道理，创设一些亲身体验，以榜样来促进男孩对责任感的意识。许多男孩认为父母疼爱自己是天经地义的事，而自己怎样去对待父母则要看心情和兴趣。对于男孩的这种心理，父母则理解为是一种很正常的行为，是男孩在成长的过程中必须出现的一种现象，但随着一天天长大就会改变的。

还有些父母则认为：我就只有这一个男孩，我不疼他疼谁啊？但是，他们没有想过，一旦这种宠爱让男孩觉得理所当然，养成坏习惯了，男孩就会变得自私，更无从谈责任感。作为父母，不想让你的男孩养成这种习惯，那么最好以榜样的教育来引导他改变观念，让他的学习有动力、有目标。

引导男孩参与行动，要让男孩通过自己的亲身体验产生责任感。例如，在假日里，让男孩做个义务劳动者，让他清理一次住家附近的卫生，作业先认真思考再动笔做。对反面的事物也要思考，反省自己的缺点，父母对男孩多鼓励，多与男孩一起讨论话题、交流看法。学习上遇到问题，多问老师，与老师同学一起想解决的办法。对男孩的错误不要以训斥、打骂的方式处理，要以平和的心态对待，这样男孩在与父母的交流中就不会有隔阂，而会产生一种情感。因为责任感正是建立在情感基础之上的。

父母一定要让男孩了解：一个人做什么事都要有责任心，特别是对自己所做过的事情要负责。自己做错了事都是要靠自己去想办法去处理的，不要希望有人会替你去承担，别人没有理由和义务去替你承担。即便是别人愿意为你分担，那也是需要你付出一定的代价。

男孩可以不照你说的去做

男孩跟父母"犟嘴"，在中国很多的家庭里是不允许的。男孩对父母的话只能是"服从"。男孩只有"服从"的义务，没有反驳的权利，就是父母说错了，也不能不听。

有的父母经常用这样的话训斥男孩："我说的话你也不听？""就按我说的做！""你是我生的，就得听我的。"有的父母甚至还拿起棍棒逼迫男孩就范。

在这些父母的头脑里，存在这样一个概念：父母总是对的，男孩反驳就是错的。这样教育男孩是最容易的，但是，最容易的往往不是最好的方法。

男孩也是有思想、有判断力的，采取压制的方式粗暴地对待男孩，他会觉得自己受到了不公正的待遇，如果老是采取这样的方式，一旦男孩养成执拗的个性，也许就不听父母的了，至少男孩的内心是不服的。

很多父母认为对男孩严格要求，这是对孩子负责任的表现，随着年龄的增长，男孩逐渐形成自己的人格和价值观、人生观，如果受到不良影响，就可能使人生目标偏离方向。因此，从这个角度来说，父母对男孩严格要求无可厚非。

但是过度的严格就等于专制。父母与子女的关系，不应是征服者和被征服者的关系。教育男孩，让男孩变得听话，服从自己，但是要让男孩心服口服。服从有两种，一种是自愿服从，一种是被迫服从。

显然，让男孩自愿服从才是可取的教育之道。只有男孩主动愿意听从父母的话，他才会表现出积极性和热情，不会觉得自己是在被压制和接受"专制"。正确的做法是，父母应在和男孩共同商量的前提下，告诉他哪些事情不能做，哪些事情可以做。当男孩表示反对或任性时，绝不要用强硬的口气命令男孩，必须这样做或不要那样做。首先要弄清他反对的原因和理由，如果男孩提出不合理的要求，父母要

耐心疏导，做到以理服人。如果有必要，父母还可以坐下来同男孩一起讨论。父母应该注意的是，大多数孩子都不喜欢包办代替，如果凡事都由父母做主，只能增强男孩的逆反心理。

每个人都有自己的兴趣和爱好，男孩也一样。如果父母经常用自己的标准去要求男孩，男孩会认为自己的愿望和兴趣得不到父母的重视，从而会表现出情绪低落、不满或反感。如果男孩的正当要求总是得不到满足，或其积极性得不到重视，他的情绪就会处在经常压抑的状态，这对男孩的身心发展是不利的。男孩渴望独立，希望自己被大人重视，如果总是按照父母的标准去做事，男孩会渐渐变得消极被动，对事物的热情和兴趣降低，甚至走向叛逆的极端。如果性格偏内向的男孩，自己的意愿无法得到满足，时间长了就会变得沉默寡言，不愿意与父母沟通。因此，父母不能按自己的标准去看待男孩，更不要把自己的想法强加给男孩。

有对父母带男孩去买玩具卡车，男孩看中了塑料的，父母却看中了铁的，因为铁的结实，不易摔坏。于是父母不顾男孩的要求买了铁的卡车，结果是父母花了钱，但是男孩不高兴。这样的结果与给男孩买玩具的初衷发生了背离。

所以，父母应设身处地为男孩着想，充分理解男孩的心情，对男孩的正确想法和要求尽量予以满足。当然，这并不是说父母对男孩所有要求都有求必应，而是说父母在做决定时应和男孩一起商量，无论是赞同还是不赞同男孩的要求，一定要向男孩讲明自己赞同或反对的理由，让男孩自己意识到他提出的某些要求并不合理，这样男孩才能心甘情愿地接受父母的意见，听从父母的安排。这样做，可以加强亲子间的情感交流，使男孩健康地成长。

当男孩在某件事上发表了与父母不同的看法时，父母要高兴才是，这证明他非常有想法。绝对不要压制他，不要用诸如“你懂什么”的话斥责男孩，更不能将自己的观点强加给男孩。

随着年龄的增长，男孩会产生发表自己的观点、意见和表达感情的强烈欲望，这时父母可以坐下来耐心倾听，了解男孩的内心在想什么，需要什么，有什么心愿等。

如果觉得男孩的观点和看法确实不成熟，那就设法帮助男孩调整思路，总之，要以朋友的形式来交流。在家庭教育上，那些教条主义、板起面孔来引经据典的教训的方式是最不受男孩欢迎的，要根据自家男孩的爱好和个性来选择适当的教育方法。有些道理和原则一定要告诉男孩，如偷盗和撒谎的行为可耻，坚决不能做，而有些事情可以灵活掌握，不能死搬硬套。

随着男孩阅历的增长，他学到的知识越来越多。有时候会出现，父母出现错误，男孩立即指正的情况。有的父母认为被男孩指出了错误，会影响自己的形象和威信，就使出父母的权威，错了就照错的办。

父母要敢于承认错误。当男孩抱怨父母处理事情不当或者有误时，父母应该放下架子认真反思和敢于向男孩承认错误，这不仅不会降低自己在男孩心目中的形象或使父母失去威信，反而会加强父母与男孩的感情联系，增加男孩对父母的信任感。

父母的一言一行，都在潜移默化地教育着男孩，光让男孩学会如何做人，而自己却不做出示范和表率，是收不到良好的教育效果的。

“你必须照着我说的去做”，这是很多父母让孩子变听话最常用的方式，总是对父母言听计从的男孩，并不利于个性的发展。父母教育男孩，应少一些压制，多一些疏导。其实，男孩真的可以不照父母说的去做。

正面管教：培养男孩自立自强的方法

父母对男孩过分溺爱和保护只会给男孩带来心理上和人格上的不健全，使男孩养成脆弱、幼稚、任性、自私、依赖的心理，缺乏自立

自强，所以，必须予以纠正。下面是几种培养男孩自立自强的方法，可供父母们参考：

（1）树立正确的自立自强观念。男孩之所以自立自强性差，往往都是出于父母对男孩的过分宠爱。很多父母生怕把男孩累着，大小事物都帮男孩完成了，甚至男孩到了高中，到了大学还是要什么都替男孩做了。父母这样做，其实是在扼杀男孩活动的内驱力，削弱男孩研究外界事物的主动性，产生消极、懒惰心理，做事没有恒心等一些不良现象。父母都要清楚一点，男孩长大后是要独立生活的，绝对不能不自立自强。

（2）教男孩不要嫌麻烦。曾有父母这样说：去花时间教男孩做事，还不如自己替他全部都做完。显然这位父母的观念是有问题，男孩的自立自强与责任心是相连的，如果父母在男孩需要进行自立自强培养的时候，没有采取适当的教育与训练，那么男孩就会缺少这方面的锻炼，导致永远也学不会，无法体会在自己已经具有的经验上对他人的一种责任心。

（3）锻炼男孩的自立自强。父母在训练男孩自立自强的时候，要从小事上培养，要使男孩在自己力所能及的范围内做到自己的事情自己做。按常理来说，男孩对于新的事物总是会特别感兴趣，很乐意去为父母以及他人做一些事情。因此，就要注意从小事上来引导男孩对劳动感兴趣。例如收拾自己的玩具、用具、书包等。

（4）给予男孩肯定与鼓励。由于男孩还处在学习的时候，认识水平不高、经验不足，考虑问题不全面，在做事时，难免会发生一些错误。这时，父母就不应该为此而指责男孩，更不能去打骂男孩，而应该以宽容的心态去看待男孩做错和做对的地方。对于男孩做对的地方父母应给予表扬，有失误的地方，要想办法帮助他认识问题、分析和解决问题，以免下次再发生类似的失误。通过这种方法教育男孩，不仅可以锻炼男孩在自理方面的能力，而且还可以增强男孩的自信心，对男孩的身心健康都会有很大的作用。

“谁言寸草心，报得三春晖”，父母宠爱男孩，这是人之常情，溺爱只能害了男孩，人生是一个艰难的路程，有时会遭遇困难，有时会遇到挑战，这时，真正能够帮助男孩的只有他自己，能够拯救他的也只有他自己。最关键的是他必须能够自立自强。

第四章

学会倾听，让男孩说出内心的话

男孩天生活泼好动，内心世界充满矛盾，他们渴望与别人建立联系的同时却也力图与别人保持距离。他们在需要联系和渴望独立之间挣扎，在他们的成长轨迹中我们可以看到这种挣扎的各种表现。但是，不论他们处于哪一年龄阶段，作为男孩的父母你们要切实地走进男孩的内心世界。

男孩的心思原本就难以捉摸

“男孩的心思，真让人难以捉摸！”这是在教室和演讲会场经常能听到妈妈们说的一句话。

事实也确实如此，“男女”由于天性的差异，向来难以理解对方。而在现代生活中，不同年级同学的交流和伙伴之间的交流越来越少，拥有异性兄弟姐妹的人也越来越少。因此，面对难以理解的异性子女，爸爸妈妈们往往缺少教导经验。虽然这也是没有办法的事，毕竟面对的是与自己“不同的高级动物”，但很多人都为此感到困惑和烦恼，抱怨“为什么就不理解我呢！”这个问题在已婚男女身上表现得更为明显。恋爱时的男女，在“爱”之本能的促使下，从恋爱到结婚典礼，都能义无反顾地向前迈进。

但是真正成了夫妻，经过一段时间的共同生活后，才发现真实的对方完全不同于自己的想象。

这时，双方都会感慨对方不好相处。

首先，男人会认为女人“真无聊、爱唠叨”。“凡事不刨根究底就开始不安……”“一旦生气，就会陷入冷战状态……”“总是反复唠叨陈年旧事，有时还故意使坏……”拥有这些想法的男人不在少数，当他们面对具有上述问题的女人时，往往会觉得疲惫不堪。

另一方面，当女人见识到男人的真实一面后，也会觉得沮丧。男人总觉得“除了重要事情，其他事情都无所谓”。

生活中也总是大大咧咧，比如多次被提醒“不要把脏衣服放在这儿”却屡教屡犯。在女人看来“散漫、没规矩”的行为，在男人眼里却是“不拘小节”的体现。如此一来，女人就会因为“不听我的话”而怒气冲天。

“不听话”的适用范围广泛。一般时候，女人之间都会把“是

哦”“太过分了”“啊，是吗”等作为倾听他人说话时的基本回应。而男人对这些并不感兴趣，他们只会说“总之”等与事实和结论有关的话，他们甚至认为女人之间的“基本回应”是一种浪费时间和精力的行为。

在你侬我侬的恋爱阶段，无论对方说什么你都会觉得很顺耳，但一旦成了夫妻，绝大多数人都会有以上这些受挫的经历。

而当女性荣升为母亲，并且为育儿问题忙得焦头烂额时，夫妇间的“男女差异问题”会变得更加棘手，其原因是天性差异会使育儿妈妈的孤独感倍增。这时如果爸爸妈妈都不重视这个问题，不借助想象力与对方相处，问题就会层出不穷。

时间一长，“现在妻子唠叨死了”“现在老公重视棒球的胜负胜过一切”等抱怨也会随之出现。因此夫妻双方都有必要借助想象力去理解自己身上不具备的异性特点。妻子应该理解，男人就是喜欢看各种比赛，他们无论多大年龄都有充满孩子气的一面。

因为男人与女人天性不同，我们只能依靠想象力去理解对方、靠近对方。夫妻是不同的个体，往往容易产生“不理解我”的想法。所以，夫妻双方只有齐心协力，才能白头偕老。

当妈妈面对男孩时，也常会有无法理解之感。在妈妈看来，男孩具有异性和幼儿双重身份，所以很多时候不仅“无法理解”的程度会加深，不安的情绪也会随之产生。

妈妈们如果用长年累月培养起来的女性理论以及女人的感性管教孩子，往往会因为说话不注意而在无意中伤害到孩子。如此一来，男孩容易变得垂头丧气、毫无斗志，而最终的结果是母子双方都陷入窘迫的境地。这种例子不少。

女性天生不怕被刁难，稍有不快就会表露出来。但如此一来，男孩很容易受伤，因为对男孩来说，妈妈是他最亲近的人，如果妈妈当着弟弟妹妹的面对他说：“你真会磨蹭啊！”男孩就会觉得很受伤，心想：“原来妈妈是这么看我的啊。”其实男孩并不擅长应对将自己

的不悦表现出来并训斥他时的妈妈。因此，希望妈妈们在和男孩说话时注意措辞。不过，令人欣慰的是，几乎所有妈妈都会在说孩子时觉得“男孩真可爱”。而男孩无论被妈妈怎么责备，依然觉得“最爱妈妈”。因此，大家也不必过于紧张。

总之，妈妈们应该意识到，自己面对的是具有异性和幼儿双重身份的男孩，并且应该用自己丰富的想象力去理解男孩。

男孩的内心世界你读懂了吗

经常有父母会这样抱怨：“我那儿子，什么事都不和我讲。”而男孩对自己信任的人却经常这样诉苦：“爸爸妈妈从来都不理解我，他们想说什么就会说个没完，而我说什么的时候他们却心不在焉，甚至直接打断我的话，觉得我说的都是没用的。”生活中，这种情况比比皆是。

男孩有许多事情、感受是很想跟父母说的。他们的欢乐、苦恼都想找个人倾诉，但是往往得不到及时的交流，多是因为做父母的不够重视，没有认真地或不善于倾听孩子的意见和感受。

不愿听男孩讲话、不和男孩谈心，怎么能了解男孩呢？不了解男孩，又怎么能帮助教育男孩呢？孩子是发展变化的，家有男孩，父母要排除主观偏见，耐心倾听男孩的心声。

对于男孩的话，作为父母应拿出热情和兴趣，并从心底里愿意和他们沟通。孩子讲话时尽量不打断、不批评，并能站在男孩的立场和角度去理解他说话的内容，使男孩感到他被理解、重视和接纳。

如果你足够细心，你会发现，男孩是很容易表现自己的内心世界的：沮丧和生气时会发脾气，害怕时会出汗和发抖，伤心时会大哭大叫。能得到父母倾听的男孩身心成长比较健康，因为在成长的过程中紧张与困惑逐渐被消除。男孩的恐惧和悲伤就好比他们身上多余的负

担，分散他们的注意力。如果男孩能充分地甩掉它们，就能建立他们那有爱心、有信心的生活态度。

当男孩觉得不公平、不合理的时候，就会哭闹或发脾气，这个时候父母要和蔼持续地倾听，亲切地留在孩子身边，温和地抚摩或搂住他，讲几句关心的话。但注意不要说得太多，那样的话会适得其反。例如，“发生这样的事妈妈也很难过”。假如家长在此时说得太多，就会凌驾于男孩之上，变成了自己说，而不是听男孩说了。如果家长能够只是听听男孩的想法，而不是企图“纠正”他的思想，而是日后想办法引导，那么男孩会深深地感受到父母的关心。男孩把自己的情绪通过发火或哭喊发泄出来后，心情会好很多，会感到轻松和精神焕发。

当男孩感到紧张或孤独时，就会“制造”一种状况，目的是让父母关注他们。一旦父母发现并管制他的时候，男孩就会乘机哭闹发脾气，从而想得到更多的关注。如果这个时候，父母觉得男孩是无理取闹，忍无可忍甚至打骂男孩，最后势必伤害孩子的心灵。遇到这样的情况，如果父母能给男孩几句使他安心的话，并耐心倾听他的话，男孩很快就能摆脱恶劣的心境，情绪放松、明白事理，接受父母的意见。

观察发现，倾听男孩的心声，实际上要比试图控制并转移他的注意力或强迫他循规蹈矩更容易，也更有益处。男孩哭泣和发脾气的时候会感到自己的世界已经崩溃，此时父母静下心来好好听一听他们就会好很多。有些时候，只是听就好了，不提任何要求，相信他会慢慢修整好自己的世界。

父母可以定出专门的倾诉时间。对于说惯了的父母，开始倾听可能是很困难的，但是为了男孩的健康成长，必须要试着去倾听，男孩的反应就是倾听结果的向导。在倾听男孩的心声的时候，要把握好以下几点：

（1）倾听时要有耐心。家长不要因孩子说话不够流畅，或者吐字不清而流露出不耐烦的情绪，同时还要管理好自己的情绪，不生气，少批评，耐心地听孩子把话讲完，不轻易打断孩子说话。特别是男孩发表见解或不高兴的时候，更要耐心倾听，给孩子提供一个表达情感的机会，这样更有助于解决问题。

（2）倾听时要专心。每个孩子都希望自己受到重视，有被尊重的心理需要，讲话的时候也不例外。因此，父母在倾听时要精力集中、态度认真，不敷衍孩子的问题，更不要误导孩子。与孩子交流问题尽量看着孩子的眼睛，不要一边谈话一边看手表、抠耳朵、打哈欠等，也不要一边跟孩子说话一边忙着做其他事情，否则会让孩子觉得你心不在焉，对他的话不感兴趣。父母或大人不愿意跟孩子交流，孩子当然有话也不想跟家长和大人们说。

（3）倾听时要有诚心。家长要尊重孩子的发言权，并坦诚地与他们交流。对于孩子来说，父母坦率、真诚地倾听并做出回答是令他们高兴的事。否则会产生一种距离感，影响沟通效果。即使不同意孩子的看法也不要轻易否定，或者嘲讽，并适当地站在孩子的立场或角度来看问题。如果确有必要纠正不妥的观点，也要等孩子把话讲完后再阐明自己的观点。

总之，家长在倾听孩子心声的过程中，还要学会透过现象看本质。有时候孩子会运用身体语言和情态来表达自己的内心世界，作为父母不要忽视这一点。把握孩子的内心世界，有的放矢地引导孩子说话，鼓励孩子表达自己的见解，才能促进问题的顺利解决，帮助孩子顺利走上成长之路。

与男孩交流要少说多听

很多男孩会这样抱怨：“父母根本不听我说话，只是他们在不停地说，凭什么啊？”倾听男孩说话，重要的是少说多听。一个称职的父母，一定要学会聆听男孩说话，用自己对男孩的信任、尊重去促使男孩多说话，让男孩把自己的所思所想都表达出来，这样才能与男孩

进行良好的交流和沟通。

王霞有一个上初中的儿子，母子两人的感情很好，总是无话不谈，这让身边的邻居朋友羡慕不已。可是，只有王霞自己知道，为此她做了多少努力。

儿子刚上初中的时候，因为工作原因，王霞的精神非常紧张，跟儿子说话总是没有耐心，稍有不合适就大呼小叫，甚至伸出手来就拍孩子几下。一天，儿子放学回家，比平时晚了一点儿，王霞便劈头盖脸地呵斥："你死哪儿去了？怎么比平时晚？"儿子说："我和小刚一起在小区游乐场玩了一会儿。"王霞依然不依不饶地说："你这样很让人担心知不知道？你知不知道？以后放学就要回家做功课，不许到别处玩。你知道不知道，我为了能让你生活得快乐，我有多辛苦？你知不知道你这样不听话我有多伤心？"本来是一件小事儿，王霞却上纲上线，儿子听了没说话，也没有悔改之意，一转身回自己的房间去了。剩下王霞在客厅里继续唠唠叨叨。

久而久之，王霞发现，儿子的话越来越少了。这个时候王霞意识到自己的说话语气和说话方式出现了问题。但觉得也没什么大不了，自己的儿子嘛，总会理解的。后来王霞发现，儿子愈来愈不听话，经常很晚回家，但是问什么都不说，每天回来就做作业，做完作业就睡觉。她担心儿子出了什么问题，于是去咨询家庭教育专家。专家听了这种情况之后，给王霞开了一个"药方"：与男孩交流时最好多听少说，并教给了她许多倾听孩子心声的技巧。

从此王霞转变了自己的态度，不再对儿子大呼小叫了，很快母子俩的关系又回到了从前。

期中考试后，儿子对王霞说："妈！我这次没考好，觉得很难受。"王霞正在看书，听了之后放下书，坐下来温和地对儿子说："那你愿意跟妈妈说说吗？"儿子看了看王霞，点点头，然后说了很多。说前一段日子太贪玩，而且总跟妈妈赌气，情绪非常差，上课也不能集中精神。王霞听后，先是跟儿子道歉，说自己之前的做法不

对，然后先安慰儿子，接着和儿子一起制定了相应的补救措施。和儿子分析完情况，已经是深夜了。儿子感激地看着妈妈，说："妈妈你真好！"那一刻，王霞也感觉很幸福。

倾听男孩的心声，让男孩把内心的真实想法说出来，体会孩子的感受，不但可以增进父母与孩子之间的感情，也可以让男孩明白，不管有什么困难和烦恼，都会得到父母的体谅和支持。这会让男孩有安全感，而这种安全感可使男孩的创造力和理解力得到全面的发挥。

父母与男孩交流，在少说多听的同时，要注意以下几个问题：

（1）给男孩留下倾诉的机会。在男孩获得成功或者喜悦时，他们很想让父母分享他们的好消息或者愉快的心情；当男孩内心经历着恐慌、创伤或失望时，他们也需要父母温情的安慰。所以，父母不论多忙，都要留些时间给男孩，不要让男孩觉得父母由于着急做其他的事，没工夫听他们说话。总之，要给男孩倾诉表达的机会。

（2）对男孩的话题感兴趣。在父母眼里，也许男孩所说的话都很幼稚，但是要明白，这是他们成长的过程。父母在聆听男孩说话时，一定要对男孩说的话表现出浓厚的兴趣，这样男孩才能感觉到被尊重，才会感到自己是重要的，才愿意打开心扉与父母交谈。

（3）集中注意力听男孩说话。父母和男孩交流时要选择合适的时间和地点，应该选一个安静的地点，一个不忙的时间，这样才能够做到专心听男孩说话。在这个时间，不要想其他的事，只关心与男孩的交流，哪怕只是短短的几分钟，只要认真倾听了，也能收到良好的沟通效果。

（4）利用自己的行为语言表达热情。父母要善于利用自己的行为语言向男孩表示"我在听着呢""你说的我很感兴趣""你说的真有意思"。另外，下面几种身体语言也可以起到恰到好处的作用：一是正面面对男孩，这样能够更好地观察男孩的表情；二是用慈爱的目光注视着男孩，让男孩没有心理压力；三是与男孩的距离不要太远，给男孩以安全感。

（5）让男孩把想说的话都说出来。在听男孩说话的过程中，要善用一些鼓励的词，如“不错”“好棒”“真棒”等简短的字词，也可以适时地提一些简单的问题引导男孩。切忌不要随便打断男孩的话，让男孩尽情地把想说的话都说出来。

（6）一定要弄清楚男孩所表达的意思。在聆听男孩说话的过程中，有不明白的地方，让男孩解释或说明一下，尽量不要替男孩解释，这样更有助于弄清楚男孩所表达的意思。在解释时，尽可能帮助男孩把自己想说的话准确、清楚地表达出来。

总之，父母在倾听男孩说话的时候要肯花时间、有耐性，做个有修养的听众，用心倾听男孩的心声，用心走进男孩的世界，积极发现男孩的优点，发自内心地表扬男孩，鼓励男孩，尝试着不去批评男孩。只要父母能耐心地这样做，多了解、多关怀男孩，男孩就会很乐意和父母在一起。如此，拥有一个心理健康的男孩并非梦想，男孩也能顺利地迈向成功之路。

掌握沟通艺术，与男孩心有灵犀

沟通，是指通过谈话或其他方式进行相互了解。但是在现实生活中，常听到一些做父母的感叹：“儿子长大了，越来越不听话了。”其实，这主要是父母与男孩缺少沟通所致。在我国，不少家庭受传统家庭教育模式的深远影响，在对待男孩教育的问题上普遍采取的方式是：批评多于表扬，禁止多于提倡，指责多于鼓励，贬低多于欣赏，威胁多于启发，命令多于商量。这样的教育观念和方法，会让孩子觉得自己被忽视、不重要和不被尊重，因此亲子之间不可能产生真正的心灵沟通。

家长与男孩的沟通对男孩的成长是非常重要的。

首先，父母与男孩不能进行有效的沟通，教育效果必定大打

折扣。

如今的家庭教育一般有三种表现：一是无的放矢，表现为家长不了解自己的孩子需要什么，只是一厢情愿地向男孩唠叨；二是误解想法，表现为家长对孩子的问题习惯做出主观判断，没有完全了解孩子的心思就开始教育；三是空洞说教，表现为家长不顾孩子的接受水平，将成人的想法和做事方式强加给孩子，给孩子灌输大道理，或采取教条主义去启发。

其次，父母与男孩不能进行有效的沟通，教育权力可能会完全丧失。

许多家长不明白甚至完全不理解，为什么有的男孩受到侮辱之后宁可选择自杀，也不愿意把自己的委屈说给父母听。其实很多时候，这些男孩受到欺负不敢向家长述说，而是选择了自杀，主要原因之一就是因为缺少沟通。男孩犯了错或者受到欺负，他们会觉得如果对父母说，除了会受到嘲笑、辱骂、打击外，更多的是被惩罚或被暴打，与其让自己难堪不如选择轻生了之。如果年幼的孩子出现如此想法和行为，可以说是教育的悲哀，也是教育权力的完全丧失。可见，父母与男孩之间如果做不到有效沟通，后果是极其严重的。

再次，沟通是减缓压力的良方。

为什么男孩不爱学习？男孩喜欢逃学、逃课，出现厌学情绪？很大一部分原因是来自课业的压力和考试的竞争。在竞争日趋激烈的今天，每个家庭的孩子的生活条件和学习环境都得到了很大的改善和提高，可是为什么孩子们却很难开心和快乐？因为繁重的课业，学习负担过重，作业过多，导致小小年纪就开始承受过大的精神压力。于是一些男孩开始厌学，产生考试恐慌症。在这种情况下，如果家长还进一步地给男孩施压，往往难以奏效，如果换一种方式，增强家长与孩子之间的理解和良好的沟通，则能够大大缓解孩子的精神压力。

父母与子女之间需要沟通，需要相互间的了解和谅解，这样才能更融洽地生活。可以说，沟通是做父母的都应学会的一门艺术，掌握

好这门艺术要做好以下几点：

（1）全神贯注地倾听。很多时候父母抱怨自己不了解孩子的想法，对孩子说的话感到诧异，其实原因很简单，没把孩子说的话当回事儿。所以，当男孩向你谈他感兴趣的问题时，父母要集中注意力，不要似听非听，或者用其他的理由阻止孩子表达意见。如果正在做十分紧急的事，不妨跟孩子说明，因为得到孩子的谅解也是尊重孩子的表现。

（2）耐心听完。或许父母并不主张孩子做某件事，甚至觉得孩子的想法很古怪、可笑或莫名其妙，也不要阻止孩子的表述，让孩子把内心的想法说出来，把话说完。即使一开始就不同意孩子的意见，也要耐心听完，充分了解他的看法。对父母来说，以交换意见的方式发表自己的看法，更容易沟通。避免唠叨说教，更不可以不考虑孩子的意见而妄加论断。

（3）用尊重的语气说话。用尊重的语气而不是教训的语气发言。尊重男孩会使男孩也尊重你，教训男孩常常带来他们的反感和对立，只会产生相反的效果。

（4）试着让男孩“参政”。家有男孩，不妨让他主动参与家政会议，可以征求他的意见，如果他的意见有很高的参考价值，很合理，或与大人的意见一致，就以他的意见做决定，这样做可以培养男孩的“参政感”和责任感，培养他的领导能力和自豪感。

（5）让孩子学会认识自己，是教育男孩过程中的重要方面。随着男孩年龄的增长，父母有必要给他灌输认识自己、肯定自己的自我意识，提高男孩自我认知的能力，这样能培养健全的人格和强大的内心，有利于男孩成长。此外，父母还要指导、帮助他们正确认识自己所处年龄阶段的生理、心理特点，正确看待男孩做过的一些幼稚行为、对大人的依赖和认知能力的不足。

总之，父母要设身处地地为男孩着想，努力达到与男孩的相互理解，用经验和成熟的思考引导男孩，但不能一味将自己的喜好强加给男孩。

关注心声，解开男孩的心结

随着社会的高速发展，人们所承受的压力很大，就连孩子们也有着很大的压力。父母应该尽可能地做出努力，每天给男孩多一分关注，让男孩远离因缺乏关注而造成的孤独情绪，别让他们在孤独中成长。

父母在关注男孩的成长过程中，不仅要善于与孩子做好语言沟通，还要学会领悟和理解孩子的内心，用心倾听孩子的心理感受。通过男孩的身体语言、情态，弄清话中之话，把握男孩的真实想法，从而进行积极的教育和引导，保证孩子的心灵健康。

上小学一年级的东东跟妈妈抱怨说："我们班上的同学太不听话了，不遵守课堂纪律，老师让我当班长，我不愿意。"妈妈见东东对老师安排的工作表现出抵触情绪，于是就这样开导说："老师选你当班长，这是老师对你的信任呀，老师信任你，说明你有能力做老师的小帮手，当班长还可以锻炼自己，你不应该让老师失望，妈妈相信你能当好班长的，你是最棒的。"

男孩有什么要求，遇到了什么情况，父母都要做到了如指掌。因此，父母有必要时常听一听男孩的心声，帮男孩解开心结。

教育家经常说，教育要"抓住时机"。孩子的成长历程就像一本书，从童年到少年，从少年到青年，随着书页的增加，孩子也渐渐成长起来。但是父母在一页页往后翻的过程中，不一定能够读懂某一阶段的孩子，包括他的心思、想法和愿望等。尤其是在养育男孩时，大人们常常感叹"育儿不易"。父母往往会觉得：男孩越大，反而越不了解他了。所以说，教育男孩不要忽视思想教育，也不能忽视心理教育。

孩子的心中装满了大大小小的各种理想和愿望，每一个孩子的愿望都与别的孩子有所不同。在这些意愿中，有宏大的理想，有小的目标，有短期的计划，也有长远的安排，有的孩子喜欢当富翁，有的

孩子想当歌星。孩子的愿望有的是合理的，也有的则是异想天开。所以，在看待孩子的愿望时，尤其是对于男孩的未来规划，父母要深思熟虑。他们的每一个诉求不一定都是有理有据，每一个愿望也很可能只是个美好的幻想，但是大人们不能阻止孩子的这种憧憬和想象。当向孩子问到“你长大了想干什么”之类的问题时，要真诚地去关心孩子的成长，看看男孩的心里是怎么想的。通过与孩子的心灵交流，父母可以帮助他们做一个理想规划，认真梳理、科学分析，看看孩子的想法是否合理，能不能得到满足和实现。再和男孩沟通时，父母要尽量引导他们朝着积极向上、求真务实的方向去努力，避免不切实际的幻想。

关注男孩成长的每一个环节、每一个细节、每一个动态，及时做出应对：或支持鼓励，或耐心开导，或坚决制止。父母关注男孩的心声，要做到以下几点：

（1）站在平等的地位上与男孩沟通。我们在生活中经常可以看到这样的场景：小男孩正神采飞扬地向父母认真地诉说着某件事，或者高兴地讲着小笑话，他仰着头看着父母，脸上带着专注的表情，期待着父母的倾听和答复。可是在一边的父母们又是什么反应呢？他们不是在忙着这个，就是在忙那个，爸爸看报纸，妈妈忙做饭，没有一个静下心来听孩子讲话。这种漫不经心的态度，又怎么会让孩子开心地说下去呢？更让人失望的是，孩子可能觉得非常有趣或者极其重要的事在大人眼里却变得完全“不值一提”，大人们甚至会在孩子正讲到兴高采烈时冷嘲热讽：“有那么有趣吗？”“这有什么好笑的！”孩子如果听到这样的评价，当然会选择沉默或离开，他们会觉得，大人们一点儿也不懂自己。所以，与男孩沟通，首先要站在男孩的立场上，把自己变成孩子，设身处地体验男孩的真实感受，这样才能多一分对男孩的理解，少一分对男孩的训斥。父母只有做到用孩子的方式和孩子沟通，才能拉近亲子之间的距离，与孩子一起轻松畅谈，营造成长的宽松氛围。走进男孩的心灵世界，成为男孩的心灵导师，才是合格的父母。

（2）多种方式与男孩沟通。与男孩沟通其实并不难，父母可以当面与孩子进行对话，但是一定不要用说教的口气去斥责、质疑和命令孩子，不当的沟通方式和“说教”只会让孩子厌烦。所以，给孩子讲故事、陪孩子看电视、和男孩一起看球赛，或者谈论变形金刚，是个好方法，通过生动的生活场景让孩子接受潜移默化中的影响，从而改变和培养他们的思想和人生观、价值观，这远远要比空洞的理论说教更有效。另外，还可以跟男孩共同读一本书，然后在笔记本上记下读后感，让孩子当一回“书评”，这种互相学习的方式对成长是非常好的。有心的父母还可以将所有的读书笔记装订成册，不仅是一种宝贵的学习积累，也是很美好的回忆。

（3）父母也要有一颗童心。如果想和男孩玩在一起，打成一片，父母就应该忘掉大人的身份，做一回孩子，在活泼幽默中与孩子亲近。在男孩面前，父母应该放下严肃的脸色，像孩子的玩伴一样融入到他的群体中，无拘无束地玩闹，让男孩把你当成无话不说的朋友。很多男孩喜欢一些外教老师，就是因为他们的幽默感和童心未泯的心态征服了孩子的心，让孩子觉得和一个像自己的大孩子一起玩会很开心。

男孩们的意愿，随着年龄的增长而日新月异；成长的烦恼，也会随着成长而与时俱增。“十年树木，百年树人”，倾听男孩的声音，了解男孩的心愿，打开男孩的心结，有助于让父母与孩子沟通零距离。

再忙也要给男孩诉说的机会

据美国青年发展研究所的一项调查研究发现，大多数孩子都对父母有一定的依赖心理。11—14岁的孩子希望与父母有更为紧密的联系，喜欢与父母一起做事。他们会说：“我们喜欢与爸爸妈妈在一起。最大的愿望是让爸爸妈妈永远陪在自己身边。”

然而，在现实生活中，很多父母为了生活把孩子独自一人留在老家，经常命令孩子做这做那，而从不问他们的感受。其实，十四五岁的男孩正是需要爱来浇灌的幼苗。

在一个偏远的小镇，一个叫小林的14岁男孩用水果刀抵住一位妇女的脖子，喊着抢劫，等到警察来后，小林乖乖地放下了刀。面对民警的讯问，小林小声地说："我已经很长时间没有见到爸爸妈妈了，他们在外地打工，只有逢年过节才回来。我很想他们，他们也很久没有听我说话了。我这样做，就是想引起他们的注意，让他们回来。"

小林的父母外出打工多年，很少与小林在一起，小林的脑子里在想些什么，他们根本不知道。小林出于思念，才想到了这个办法。

这个故事听起来有些骇人听闻，但却由此反映了一个问题，父母如果忽视了与孩子的交流，关系变得疏远，长期下去就会产生不良的影响。对于年龄稍大一点儿的孩子来说，心理正处于敏感期，他们已经有了自我主张和做事的能力，不再像幼年时那样乖乖地"听话"了，一旦情绪和内心感到不满意或痛苦，他们会表现出反抗甚至做出极端的行为。在很多时候，男孩要比女孩更需要父母的关注和认同。关注男孩的心理健康，倾听男孩的诉说，诚恳地回答男孩的问题，对加深亲子关系是大有裨益的，有助于加强男孩的自信心和安全感。

在当今家庭教育中，有些父母忽视了与孩子的沟通，认识不到倾听孩子心声的重要性。当男孩一旦犯错误，他们总爱以成人的思维方式去管教，或者把自己的意愿强加给男孩，不给男孩表达和解释的机会，轻则呵斥，重则打骂。如果长期下去，男孩就会认为是父母剥夺了自己说话的权利，或者父母根本不重视自己的想法，导致委屈和不满累积埋藏在心里，再也不愿意对父母敞开心扉。而父母也很难知道男孩的所思所想。

所以，在对男孩的教育问题上，父母应该尊重和给予男孩发言权，给孩子一个说话机会，有利于男孩语言表达能力的提高，对孩子的人格发展也有好处。反之，与孩子沟通过少，容易使男孩产生自卑情绪。如果家有男孩，长期得不到与父母的沟通，就会产生对抗情绪，以致双方相互不信任，产生代沟，甚至还会造成心理的扭曲。

当孩子想要倾诉时，父母要怎样聆听呢？不妨尝试以下几种方法：

（1）接受和尊重男孩的所有感受。当男孩有了向父母倾诉的愿望时，父母可以先不必管男孩的行为是对是错，而先了解或询问他为什么会有如此想法以及孩子有着怎样的感受。例如，男孩告诉父母，他的小伙伴让他很生气，或者和小伙伴打架，这时父母要理解男孩的委屈和不满的内心感受，可以用语言来安慰一下男孩，但要教育男孩，不可以通过嘲弄或打对方“还手”来给自己解气。

（2）给男孩一个发言权。重视男孩的倾诉，充分尊重男孩说话的权利，这是一种家教艺术。当然，让孩子说话，并不是让他东拉西扯或狡辩。让孩子参与会谈，充分表达自己的见解，一方面有利于亲子间的交流。只有对孩子表示充分的尊重，男孩才会信任父母，愿意跟父母分享自己的真心话和小心事。在和男孩的沟通中，父母也能够通过孩子的讲述和回答来了解他的想法，有的放矢，从而帮助男孩端正思想。另一方面，有利于帮助男孩建立一个健康的心理环境，促进身心的良好发展。适当地给男孩向父母倾诉内心感受的机会，孩子就不会感到压抑和自卑，从而增强自信心，对锻炼男孩以后的社交能力也是个极好的方式。

（3）让男孩感受到父母是认真在听。父母要把所听到的以及想法都告诉孩子，或重述孩子说的话，给孩子一个“父母在听我说话”的印象。所以，当男孩说话时，无论父母有多忙也要认真倾听，同时多给孩子投以赞许或疑惑的目光，表示“是”或“否”。不要随意插嘴，尽量表现出对孩子的话很有兴趣。让男孩自由轻松地畅谈，直到说完，如果孩子的观点和想法触碰到了某一重要原则，表示不同意，应告诉他这个想法不赞同并说出理由。在提出反对意见时，不要过于武断和否定一切。即使男孩是在信口胡说，也要控制情绪，不要妄下定论或打骂。

父母一定要注意，不要对男孩进行无端的批评和责骂。因为孩子最容易感受到委屈，很少会反省自己有什么过错，在生气的时候，批评和责骂只会增强孩子的逆反心理和抗拒行为。所以，批评打骂不如以理服人，用情感化，当孩子被感动时，就会不由自主地反省自己，对自己的错误感到愧疚。感动还有助于孩子增加内心的勇气、自信和自制力。

（4）让男孩投入父母的谈话之中。与男孩的沟通，最好是让他参与到家庭讨论中，共同营造和谐轻松的家庭氛围。让男孩与大人一样有同等的“参政”机会，这样孩子会觉得自己是家庭中的重要一员而感受到被尊重。在家里和孩子谈话或让孩子加入到成年人的讨论中，话题应该是轻松自由、积极向上的，可以让孩子发挥想象，畅所欲言。不要进行刻板的仪式安排，或要求谈话一定要达到怎样的预期效果，这样都不利于孩子进行充分的发挥。倾听男孩的诉说，是一把开启男孩心灵窗户的金钥匙。

父母一定要重视孩子的语言表达，在培养男孩的口才表达能力方面，要鼓励男孩多阐述自己的看法。一味地指责和粗暴地说教，是解决不了问题的。当然，如果面对的是幼小的孩子，父母最好是蹲下来和孩子处在同一高度上聊天、问话，倾听孩子诉说原委。当孩子有值得称赞的观点，父母应该给予鼓励和支持，当孩子在认识上存在误区时，要循循善诱，多启发多开导，而不是嘲讽和斥责。

正面管教：聆听孩子的弦外之音

称职的父母应学会倾听、乐于倾听，并善于倾听孩子的弦外之音，才能从孩子的倾诉中真切地感受和把握他的喜怒哀乐，真正了解孩子在想些什么，要求什么，希望什么；才能真正领会孩子的思想意图，分享孩子的快乐，真诚地为孩子的进步而高兴，为孩子的成功而

喝彩；才能有效地用父母的体贴去化解孩子的烦恼，营造出充满爱意的温馨家庭环境，也才能赢得与孩子的真诚友谊。

怎样才能更好地倾听孩子的弦外之音呢？下面介绍的几种行之有效的方法，以供父母们参考。

1.接受和尊重孩子的所有感受

孩子向父母诉说时，父母应安静、专心地倾听，但不给予评判。父母不必接受孩子的所有行为表现，而只是接受他的感受。例如，孩子可能会告诉父母自己对小伙伴有多生气，但父母不能允许孩子通过嘲弄或打人来表达他的愤怒。

2.向孩子显示你正在听他讲话

孩子向父母诉说时，父母的关注表示自己对孩子的尊重和自己愿意分担孩子的想法和感受。当孩子开口向父母讲话时，父母应停下正在做的事情，转向他，保持目光接触，并仔细地听。同时还要通过点头或不时地用“嗯……”“是的……”等来显示对他的注意。

3.告诉孩子你所听到的以及你的想法

不时地总结、重述或复述孩子所讲的关键内容，包括他的感受以及导致这种感受产生的情境原因。仅仅倾听和理解是不够的，父母还必须用语言对他所说、所想及所感的事情作出反应。但尽量不要逐字地重复孩子的话，应使用相似的语言来表达相同的意思。

4.对孩子的感受进行确认

在仔细听取孩子的诉说并观察其面部表情后，对他的感受进行猜测并试着确认。如果第一次的猜测不正确，再试一次。讲话时要保持冷静，且语速要缓慢。当猜测不正确时，应鼓励孩子帮助父母纠正。

只有在帮助孩子确认其感受之后，父母才能给他提供忠告、建议或教他以不同的方式看待事情。如果父母先给予这些帮助，那将会妨碍孩子努力去表达和理解自己的感受。

只有当父母真正理解孩子的表达时，才能和孩子进行有效的沟通。

第五章
心平气和，指导男孩为人处世交际

会为人处世的人，能够融洽地与人合作，表现出较强的社会适应性，也因此更容易实现自己的潜能。男孩终将会离开父母，走向社会。如何教会男孩与人相处，这是父母必须面对的一个问题。

助人为乐，乐于分享

现在的男孩绝大多数是独生子女，他们在家中随时随地都处于被照顾的地位，很少有机会去关心、照顾别人，甚至他们很少想到别人，除非他们需要别人的帮助。这一切看来是自然的、顺理成章的。然而，这对男孩的成长都是十分不利的，它不利于男孩人际交往的良性循环；不利于男孩长大进入社会与人共处，它会妨碍一个人学习与事业上的成功。

乐于助人是一种高尚的品质。对于一个年幼的男孩来说，他也许尚无明确的认识，不懂得他的社会意义。可是他极富同情心，这是培养他乐于助人精神的基础。

培养男孩乐于助人的习惯，要从小事做起。例如，妈妈蹲着洗菜，爸爸就可以启发男孩注意到，并让他送去小板凳；奶奶生病卧床，妈妈让男孩给递水、送药。走在路上，看到老人手中的报纸或其他较小的东西掉在地上，让男孩帮助拾起。

教男孩乐于助人，还要注意启发男孩的同情心。男孩的行为绝大多数是由感情冲动引起的，而且行为过程带有很浓的感情色彩。那么，在让男孩做某件事情时，最好从启发他的情感入手，例如，“你看那位老爷爷弯腰多吃力呀！你去帮助他把报纸捡起来好不好”这样的问话要比直接地命令男孩“你应该帮助老人”的效果更好。

培养男孩乐于助人的习惯，还有赖于父母的榜样作用。通常说孩子是父母的一面镜子，父母的行为常在孩子的身上得以反映出来。因此，如果父母间互相关心，与邻里间和睦相处、互相帮助，孩子也自然而然地养成乐于助人的好品质。

父母对男孩的行为持何种态度，也是起重要作用的。对于男孩热心帮助他人的做法，父母要予以肯定、支持。万万不可教育男孩“少

管闲事”。甚至男孩因帮助了别人还挨批评，父母的态度对男孩的成长有着重要的影响，甚至可以说决定着男孩的未来。父母在对男孩助人为乐的行为给予支持和赞赏时，还可逐渐地向男孩讲明助人为乐的意义和好处，这样有利于帮助男孩确立人生观和价值观，提高道德素质。

助人为乐和乐于分享都是一种美好的品质，但在生活中，我们经常会听到，“这些都是我的”“你们不准碰”……男孩总是喜欢“独霸”他所喜欢的东西。当男孩开始认识到“我”“我的东西”“我要”的时候，你会发现很难从他手中拿走东西，他会把食物或者玩具紧紧地攥在自己的小手里，眼睛则非常警惕地盯着你，如果你试图从他手中拿走东西或者不满足他的需要时，他会号啕大哭以示抗议，弄得你不知所措。

为什么会这样？还是因为现在独生子女比较多，男孩从小都是生活在小家庭里，社会交往减少了很多，再加上长辈对男孩的溺爱，男孩的占有欲特别强，不愿与他人分享东西。上了幼儿园以后，在和小朋友的交往当中这一点显得尤其明显，他们不愿与其他的小朋友分享玩具，使得与小朋友之间关系渐渐疏远，甚至会越来越孤僻，这些都影响了男孩的成长。所以，父母要尽力给男孩创造一个与他人沟通和分享的环境，帮助男孩在成长的过程中有自己的朋友，并且学会一些与人交往的技能。

作为父母，千万不要因为担心男孩被欺负而禁止男孩与同伴相处，要看到同伴带给男孩积极的力量和益处。原因有两点，其一，同龄人之间在身心发展上的程度都是相近的，男孩喜欢和自己年龄相仿的同伴一起玩和学习，是因为他和同伴间有共同的话题，有着相似的兴趣和爱好，甚至性格也相似，所以同龄的孩子最容易沟通，相处也比较融洽。其二，孩子在与人相处中也会有摩擦、争斗，时而会在一起开心打闹，喜悦无比，时而会被同伴惹哭激怒，但不论怎样，男孩在和同伴交往的日子里，会有心灵的碰撞与启发，从中还学会了分

辩、争取，学会了妥协、合作，学会了分享快乐。

让男孩改掉“独占欲”，让他们学会助人为乐和乐于分享，就要从根源出发，对症下药。

在日常生活中父母关心别人、帮助别人，自然给男孩留下记忆。做了好吃的点心分给邻居尝尝，毫不吝惜地借给别人需用的物品。父母要为培养男孩分享意识起表率作用。父母要做与人分享的模范，经常主动地关心和帮助别人，如关心帮助贫病和孤寡老人等，这些行为都无声地告诉男孩应该分享。

很多男孩愿意在别人家玩人家的玩具，但是让他们拿出自己的玩具，他们就不乐意了。如果是这种情况，父母应该在客人到来之前，让男孩挑选几样他愿意让别人玩的玩具，告诉他不要担心玩具被弄坏。这样当他无条件地与别人分享东西时，他能感到自己对这些东西仍有控制力，它们还是属于他的。当许多男孩在一起玩时，可让大家把自己心爱的玩具拿出共同分享，让男孩体验玩别人玩具的快乐，使男孩明白分享并不等于失掉自己拥有的东西。

父母要让男孩懂得人际交往的基本规则。实践证明，那些喜欢助人为乐和乐于分享的男孩在人际交往方面更具有优势。

要有礼貌，但不虚伪客套

常有这样的情况，父母带着男孩在路上遇到熟人，于是让男孩叫“阿姨”“叔叔”等。如果男孩甜甜地叫“阿姨好”“叔叔好”，父母会觉得很高兴，对方也会表扬男孩懂礼貌。但也有的男孩在遇到熟人时，表现为害羞、躲闪，不爱讲话。无论父母怎么提醒男孩要有礼貌，男孩就是躲在身后一言不发，弄得父母非常尴尬。于是，父母每次带男孩出门的时候，都会千叮咛万嘱咐：“出门遇到熟人，记得要问好，做个有礼貌的好孩子。不然以后就不带你出门。”而当再一次

遇到孩子见人不打招呼的情况时，父母也只好无可奈何地抱怨说“这孩子就是不爱招呼人”，或者责骂男孩“没出息”。

生活中常见到一些男孩毫无规矩、十分任性，个别的言谈举止甚至令人生厌。如对长辈没有礼貌、对小朋友随意欺侮、说话粗俗蛮横等。即使别人是好心，他也会当作恶意，天长日久，就不会有那么多人自讨没趣了。其实，只有接受爱，才能鉴别爱、表达爱、回报爱、享受爱，那么，怎样让男孩接受别人的好意，接受爱呢？专家们建议父母们从以下几个方面予以教导：

（1）父母要从自身做起，做好示范。父母要以身作则，对上一代的付出表达感激之情。“其身正，不令而行。”父母应该以自己的言行为男孩塑造榜样。如果自己都不知道感恩，就很容易形成“上梁不正下梁歪”的恶性循环。正如一则电视广告，妈妈给奶奶洗脚，男孩也就给妈妈洗脚。再如，父母先做表率，妈妈帮爸爸做事时，爸爸会大声说：“谢谢！”妈妈接受爸爸的帮助，也会说一声：“谢谢！”起初，男孩可能会觉得怪怪的，后来慢慢地他便会习惯了。在这种氛围中，他渐渐懂得了接受爱，并且会向父母道谢。

（2）信任是人与人之间必修的课程。因为人与人之间只有互相信任，才会有良性的交往，才会有助人、感人的好事发生。由此，作为父母，在日常生活中应该教会男孩学会相信别人。如果总是告诉他社会多么险恶，他还怎么去相信他人呢？没有信任这个前提，又怎么能接受别人的好意、别人的爱呢？没有爱的世界一片荒芜，缺少爱的男孩郁郁寡欢。

（3）培养男孩鉴别爱的能力。许多父母在教育男孩的时候，习惯用命令式的口吻说：“别老跟别人说话！”“见到陌生人赶紧走开！”“别人给的东西千万别吃！”殊不知，这种不加分析的强制性管理，往往会缩小男孩的交际圈子，往往会让男孩习惯性地拒绝他人的好意。

正确的做法是，欲培养男孩接受爱的能力，首先要心平气和、耐

心地与他讲明道理。告诉他什么是可以接受的，什么是应该拒绝的，什么是必须远离的。培养男孩鉴别爱的能力，才能让男孩获得更多的爱而不至于伤害了他人的好意。

虽然有礼貌的男孩招人喜欢，但是也要注意不能太过了，所有的礼貌要建立在真心实意的基础之上，否则就会流于虚情假意的客套。

真诚的赞美和虚伪的客套话之间最大的区别在于是否发自内心。真诚的赞美起源于内心深处的一种欣赏和认可，它反映了一个人对另一个人的肯定：外表漂亮，言谈合自己的口味，行动敏捷，品格高尚……即在两个人之中，其中一个人在另一个人身上发现了符合自己理想或价值标准的可贵之处。当我们对一个人有好感的时候，往往也会有一种无形的力量促使自己要去赞美他的一些优点。

但是虚伪的客套话却不同，它不是发自内心地对另一个人的认可和钦佩，而是基于内心的一种目的。过分的虚伪客套是缺乏诚意的，只能令人反感。

男孩是最善于模仿的，如果大人经常说一些虚伪的客套话或不恰当的言语，男孩都会记在心里，也会学着说虚伪的话，这样就失去了男孩的纯真本性。

为人真诚表现在与朋友交往中，就是以诚相待，说实话、办实事、做老实人，对朋友不可虚情假意，也不可口是心非，切忌对朋友使小心眼，耍小聪明。一个不以一颗真诚的心对待这个世界的人，就会失去别人的信任。因此，父母应该教育男孩，对人要有礼貌，为人要真诚，真诚地与别人交往，关心别人，爱护别人。

男孩要有一颗包容宽厚之心

人与人能和谐相处，最重要的是自己要先有一颗宽容之心。学会宽容他人，对处理好人际关系至关重要。在日常生活中，难免会发生

冲突、出现误会、受到误解，甚至被无理侮辱，因此，能做到宽容他人，也不是那么容易的。

男孩的人际交往虽然不像大人那样广泛，但是从小就要培养男孩的胸襟，遗憾的是有些父母太护着自己的孩子，不能让男孩学着去宽容别人。在生活中，有的男孩与别人的男孩打架受了气，作为父母想劝男孩宽容对方，但又怕这样显得太软弱了。今后男孩的性格变得懦弱了怎么办？长大参加工作总吃亏怎么办？于是告诉男孩别怕事，谁欺负你，你就欺负谁，甚至双倍奉还。其实，这是非常不对的。

古人早就提倡做人要宽容为怀，但凡成功的人士都有博大的胸怀，做到宽以待人。男孩要想在将来立足社会，就不可避免地要接触和吸收大量的信息，要接触形形色色的人，而要想有所作为，与人和谐相处，就需要宽容，有一颗包容他人的心。宽容的气度和博大的胸襟对男孩来说是一种不可多得的优秀品质，而等到男孩长大成人，宽容也可以伴随他的一生，成为他的人格魅力和成功的基石。所以，父母应该教育男孩做个懂得宽容的人，远离那些愚昧狭隘的人，在交友时不斤斤计较，不嫉妒别人，更不能因为一点儿小事就大动干戈。

真正的强者都是善于宽容别人的人。父母应教育男孩，从小做个胸怀宽广的人，更容易受到欢迎，也会交到更多的朋友。男孩如果小肚鸡肠、鼠目寸光，是不受欢迎的。只有胸怀宽广，宽容别人，才能与人和谐相处，品尝到人生的快乐。

教男孩学会宽容，就是让男孩做到心中有他人。作为男孩，没有一颗宽容之心是不行的。培养男孩的胸襟和气度，可以通过角色互换的方法，让男孩意识到宽容的美好。当男孩心中做到容忍他人，就会逐渐摆脱以自我为中心的习惯，摒弃孤傲、自私、狭隘的不良性格，变成一个谦逊、大方、受欢迎之人。男孩在游戏、学习的活动中难免会与同学、同伴发生摩擦，父母要教给男孩学会处理摩擦和矛盾的技巧和方法，让男孩与其他小朋友少一点儿争执，多一点儿忍让，少一些挑剔，多一分关心。宽容待人，别人也会宽容待己。当男孩处处替

别人着想，学会了宽容，也会赢得别人的宽容和体谅。实际上，男孩学会了宽容，也就懂得了真正的交友之道。赢得朋友，拥有朋友，男孩才会真正体会到友谊的珍贵，才能健康快乐地成长。

宽容是人的一种美德，是做人的一种风度和境界。宽容，能使人性情随和，能使心灵有回旋的余地，能使人消除许多无谓的争执。宽容的人，时时刻刻都会受到人们的拥戴，因而他们更容易处理好各种人际关系，能够很快地适应各种不同的环境，能够融洽地与人合作，充分挖掘自己的潜能。

教男孩学会宽容，不仅是为男孩今天的人际关系，而且也是为男孩将来的幸福奠定基础。宽容的种子往往需要父母去播种，在一位母亲让男孩亲亲那位与男孩有过不愉快的姐姐时，宽容的种子就已深深地植入男孩幼小的心灵了。有教育家说过："推动摇篮的手，也就推动了整个世界！"父母的素质有多高，男孩就会飞多高。

一位社会学家曾经说过："真诚待人、宽宏大量，是健康人格的必备素质，也是处理好人际关系、沟通彼此心灵的重要条件。"

培养男孩理解与宽容的品质，父母首先要从自身做起。父母应改正种种不良习惯，为男孩做出表率，在男孩心目中树立一个豁达大度、宽宏大量的形象。同时，还特别要注意从以下几方面加以引导，让男孩幼小、纯洁的心灵自然地建立起一种"人格优势"。

（1）要让男孩学会忘记。一位著名的心理学家曾经说过：善忘，是人生的一种佳境。作为父母，要注意引导男孩摒弃前嫌，尽快忘记他人的得罪、挑剔，忘却遭遇的苦闷、挫折，忘却心头的误解、怨恨……把不愉快的事情尽早抛之脑后，大踏步走入这种人生佳境。如果男孩跟别的小朋友发生了冲突，父母不要有事没事就提起，让这件事情得以强化，让男孩始终记恨，而是应该让男孩学会忘记生活中的不愉快。

（2）要引导男孩学会忍让。男孩们没有成年人那种复杂沉重的心理障碍，他们的内心世界是纯洁无瑕的，即使出现了矛盾和隔阂，

也非常容易自行解脱或缓和。作为父母，不能有意无意地把自己的不良心理行为强加于男孩，给他们纯洁的心灵留下阴影，而是要以实际行动来培养男孩的宽容之心，教育男孩要具有豁达的胸襟。懂得忍让的男孩在人际交往中才会更受欢迎。

（3）引导男孩主动道歉，乐于帮助他人。每位父母都应从小培养男孩辨别是非的能力，教育他们“勿以恶小而为之，勿以善小而不为”，对于自己所犯的错误要勇于承认、勇于改正，要学会向别人道歉。

另外，父母应协助老师一起树立男孩的集体观念，注重培养男孩同情人、帮助人的意识，鼓励其多与朋友、同学进行真诚、平等的沟通交流，使男孩完全融入到周围的群体中去，养成助人为乐的良好习惯。即使对那些曾经伤害过男孩的人，也要让男孩学会去原谅，甚至去帮助他们。

培养男孩与他人合作的能力

男孩终有一天会走上社会，人在社会上，如果缺乏与他人合作的精神和合作的能力，那么，他不仅在事业上不会有所建树，就连适应社会都很困难。

在21世纪竞争激烈的时代，一个人的合作能力要比他的知识水平更重要。懂得与人合作才能在事业中安身立命，才能在团队合作中完善自己、提升自己，相信是很多人在人生道路上总结出来的成功经验。而对于孩子来说，尤其是男孩，尽管年龄还小，但也有必要让他学会与人合作，帮助他建立团队协作的意识，和他一起体验和分享与人合作的快乐和成果。无论是在快乐下成长的童年，还是顺应未来的社会生活，具备良好的合作能力是男孩成长的必备条件和技能。奥地利心理学家阿德勒说：“如果一个儿童未曾学会合作，他必然走向孤

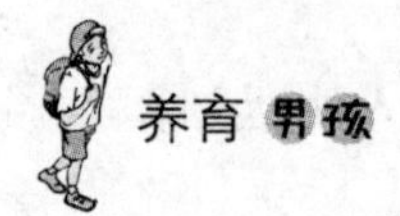

僻，并产生牢固的自卑情绪。”

如今的家庭，男孩多是独生子女，在家里处处表现以自我为中心，获得父母的宠爱。然而，未来社会是充满竞争和挑战的，缺乏社会历练的男孩在涉世之初将无所适从。如果父母想尽到教子的责任，就应该摒弃“树大自然直”的想法，做到未雨绸缪，有必要提前让男孩了解社会，接触人群。

现代社会在要求人们进行激烈竞争的同时，又需要人们进行广泛的多方面的合作。其实，这两点并不矛盾。从男孩懂事时起，父母就要有意识地培养其与他人合作的精神和能力。那么，如何培养男孩的合作能力呢？

（1）让男孩学会与人分享。如果男孩凡事都自私自利、斤斤计较，那么他就很难做到友善待人，与人和睦相处，更很少与人合作。因此，父母有必要让男孩学着做个慷慨大方的人，懂得与他人分享。父母在教育男孩时要注意讲究原则和技巧，比如要让自己的男孩和别的男孩分享他所喜爱的玩具，应该用商量温和的口气对男孩说话，不要用强迫和空洞的说教。

父母可以经常这样跟男孩说：“你玩一会儿滑梯，也让别的小朋友玩一会儿滑梯，这样两个人都很开心，不是很好吗？”适当地引导和鼓励男孩，让他感到分享并不意味着从他那里拿走了东西或者食物，而是获得快乐和友谊的方法，与别人一起分享要比一个人独享更快乐。从孩子小时候起，父母不妨有意识地培养男孩喜欢分享的品质。比如，当男孩手中拿着画册时，父母可拿着一个玩具，然后温柔地与孩子手中的画册进行交换。这样通过反复训练，男孩便能学会分享与信任。

（2）让男孩学会接纳别人，接纳别人的缺点。让孩子从小养成宽容别人、善于接纳别人的良好品德，对他的成长有着重要的意义和促进作用。让男孩从内心深处真正地愿意接受别人，喜欢别人，而不是和自己喜欢的小朋友一起玩，而疏远自己不喜欢的小朋友。等男孩

长大后，父母也应该鼓励男孩和不同性格的同学、朋友相处，互相取长补短，共同进步。因此，只有相互认识到了对方的长处，欣赏对方的长处，才能更好地与人交往和合作。

金无足赤，人无完人。父母要让男孩知道，每个人都不是完美的，都有优点和缺点。不能因为别人有缺点或毛病就嫌弃、疏远甚至嘲笑对方。父母要教育男孩善于发现别人的优点，真诚地加以赞美，而不是疏远、树敌。父母自己平时在工作和生活中，也应坚持以这种态度来对待他人，为男孩做出表率。

（3）让男孩学会宽容他人。要教育男孩摆正自己在家庭中的位置，让其懂得自己只是家庭中的普通一员。不能对其娇惯，不能无限度地满足其愿望，不能给其特殊权利，让其高高在上。

平时要不断提醒男孩心中有他人，不要总是以自我为中心，一切只顾自己。必要时让男孩有一些吃亏让步的体验，以锻炼其自我克制能力。

多给男孩与同伴交往的机会，使之从中得到锻炼。让男孩在发生矛盾的后果中体味到只有团结友爱、宽容谦让，才能享受共同玩耍的快乐。

要教育男孩理解和尊重自己的长辈，体谅长辈的辛苦，珍惜长辈的劳动成果和对自己的爱护。

家庭成员间要友爱宽容，让男孩从小就生活在一个温馨、和谐、友爱宽容的家庭环境中，使其在潜移默化的影响中，逐步形成稳定的宽容忍让的良好品质。

（4）让男孩多参加一些活动。由于父母的溺爱、娇惯，往往使他们处处以自我为中心，任性、攻击性行为较多，不愿与人合作。还有的男孩受父母不良教育思想的影响对小朋友不友善，如父母告诉男孩别人打你，你就打他，使男孩在与人合作中处处逞强、霸道，所以，一旦发现男孩在这方面存在问题，就要及时采取恰当的方法，配合纠正男孩的不良习惯。

父母可以让男孩玩一些共同搭积木、拼图等需要协作的活动，还要鼓励男孩参与足球、篮球、排球、跳绳等体育活动。这些活动既体现出团体之间的对抗与竞争，又体现出团体合作的巨大力量，有利于培养男孩的团队合作精神。

鼓励男孩加强与人相处能力

哲学大师弗洛伊德的学生哈里·苏利万非常重视人际关系对男孩性格发育的重要性。他认为男孩的性格发育与他的人际关系总和是相等的。当然，男孩的人际关系首先开始于与父母的相处，同时也包括同龄人对他的深远影响。

男孩对自己的认识总是以他人为镜，需要通过与他人进行比较，把自己的形象反射出来而加以认识。男孩在与人交往的过程中，往往以同龄人为参照系，吸取更多的信息，以便更清楚地确定自我形象。积极的交往活动是男孩个性发展和完善的必要条件。

然而，现在的男孩大多是独生子女，要么太“独”而不利于与人交往，要么缺乏一定的社交锻炼而不会主动与人交往。这就给男孩今后的生活与发展带来很大的障碍。

经常有报道说某男孩经过多年的努力考上了名牌大学，但是却因为在学校不能和同学友好相处，出现了严重的人际交往障碍。可见提高男孩的人际交往能力是一个多么刻不容缓的问题。

与人相处的能力，可以考察一个男孩的一种综合能力，它包括很多种因素。比如和小朋友在一起，他要考虑应该怎样和人家说话，怎样才能够清楚表达自己的意思，怎么样做小朋友才不会疏远自己，不但要求有语言表达能力，还要懂得方法以及接纳他人的能力。所以说，父母如果重视男孩的人际交往能力，就要想办法鼓励和提高与人相处能力。

家庭是男孩成长的第一个很重要的环境，父母给予男孩什么样的家教，男孩就可能成为什么样的人。要想让男孩成为一个心理健康、性格开朗的人，那就必须重视引导男孩与同伴交往。

（1）创造平等和谐的交往氛围。父母不能严格阻止男孩的交友权利，要给男孩多一些与人交往的机会。父母在外出时，可以适当地带男孩进入自己的社交圈，比如去朋友家做客时，尽可能带男孩参加；如果家中有客人来，可以让男孩参与接待，锻炼他的日常接待礼仪。

（2）鼓励男孩走出家门。交往能力只有在与人接触和相处的过程中才能得到锻炼和提高。所以，父母应该尽可能地为男孩营造广阔的交际空间，鼓励男孩走出家门，广交朋友，如参加一些“亲子家园”活动，可以培训男孩的交际能力。当男孩体验到了与人交往的乐趣之后，就会主动要求去找小伙伴玩，还会邀请邻居家的小男孩、同学来家里做客。心理学家指出，训练儿童掌握社交技能，塑造乐观开朗的性格，同伴起着不可忽视的特殊作用，因为孩子在和同伴的交往、学习和做游戏的过程中，就可以得到成长、锻炼，能够学到父母教不到的一些经验和规则，从而获得和谐的友谊。

（3）教给男孩基本的交往技能。男孩的交往技能，如分享、轮流、协商、合作等，需要父母在潜移默化中传授给男孩。一位品学兼优的男孩说：小时候妈妈给他讲的一个故事会让他终身不忘。以下是一些基本的交往技能，父母很有必要了解一下：

①基本的交往技能——寒暄。寒暄就是见面打招呼，如朋友重逢、“相逢开口笑”、嘘寒问暖、问候致意等，都属于寒暄。父母应该教育男孩，出门见到熟人要懂得打招呼，要礼貌问好，学会向别人介绍自己，在公众场合要使用礼貌语言等。

②理解别人的交往技能——倾听。倾听是使我们了解别人、把握双方心理感受的最有效的手段。父母应该教育男孩，做一个认真的倾听者，如当别人说话时不要三心二意，要认真听别人谈话，目光专

注，用点头或摇头来回应等。

③人际交往的综合能力和素养——交谈。交谈是使彼此建立联系最快、最直接的方式，良好的交谈、愉快的聊天都会加深彼此的印象，增进双方的信任与好感。父母在教育男孩时，可以先从锻炼他的交谈能力开始，教给他如何向别人提问题、怎样说服别人、怎样拒绝别人的不合理请求等技巧。

④人际交往深化与发展的技能——合作。与人合作的能力对男孩来说十分重要，大家齐心协力地合作完成一件事，会让男孩更加开心和更有成就感。同时在与人合作中，男孩会不知不觉养成一些优秀的品质，比如增强毅力、变得坚强、增强责任感、学会真诚待人等，从这个过程中，男孩也学会了认识自己、欣赏别人。这一切都会比父母空洞的言辞说教更有效。

（4）要重视心理素质的培养。交往需要良好的心理品质和人格素养，例如，善良、守信、真诚、开朗、诚实等，这就需要父母在日常生活中有意识地加以培养。多关注男孩的言行，养成良好的交往习惯。比如，串门时要有礼貌、不乱拿别人的东西、不抢玩具、离开时整理好玩具等。

正面管教：优秀男孩也要做贴心暖男

日本教育专家高滨正伸在他的畅销书《男孩的成长99%靠妈妈》一书中，告诉家长们，需要培养男孩为人处事交际的能力，长大后能成为一个关心别人、有同理心的人。作者在书中写道：

“不擅长体贴他人”是今天许多优秀男孩的缺点吧，但很多时候他们并不认为自己没有体贴之心。特别是那些一直在男子学校接受教育的男孩，对此更是一窍不通。

他们并不能理解大众社会（特别是女性社会）为何认为“不体贴

的人应出局”。他们或许还会认为自己很受欢迎。记得很早之前曾流行“东大毕业生不可用”的说法，其原因就是他们表现出了“不体贴他人”的一面。

众所周知，学习成绩好、逻辑性强但经常令人不快的人在社会上并不吃香，而“体贴他人”习惯的养成，需要让孩子从小拥有众多“体贴他人”的经历。

因为这也是处理与他人关系的一种能力，所以有必要让孩子用心去理解持不同立场或拥有不同观点的人。

总之，让孩子与持不同观点、立场的异性以及非同龄人玩耍、交流，具有十分重要的意义。

因此，有必要让男孩拥有“魅力小体验”。比如，虽然认为“女孩是爱哭鬼”但仍坚持与她一起玩耍的男孩，深受女孩们欢迎。

1.“魅力小体验”有助于培养男孩的体贴之心

每年暑期班，我们都能看到拥有“魅力小体验”的男孩的成长变化。

举个例子。有个小学二年级的女孩在学习期间捕捉了很多小虫，回去当天，虫笼里尽是虫子。

领队问她：“这么多虫子放在一起容易互相残食，怎么办？”女孩说：“那把它们放生了吧！”但女领队和女孩都因为害怕虫子而迟迟不敢下手。

在这关键时刻，小英雄出场了！一个看起来像是一年级学生的男孩，一边说“让我来吧”，一边快速地放走了虫子。这个男孩因为一个小小的举动而备受女孩感谢和赞扬，相信他以后还会继续为别人送去体贴和关爱。

幼儿时期是否拥有这种体验，不仅关系到男孩进入青春期后能否大方地与异性相处，还决定了其交际能力的高低。当然，在与女孩打交道的初期，肯定会有“怎么如此不顺”之感，但只有以此为基础，男孩才能与女孩打成一片。

2.逃到男厕所是唯一的办法

在小学生中，女孩强于男孩已是近十年的现状与潮流。如今，无论哪个学校、哪个学年，“最强的孩子”都非女孩莫属。

有个四年级的男孩曾和我说：“我们学校的坏学生头儿很厉害哦！对人不是踢就是打，很恐怖！”接着他又得意扬扬地说：“不过，我有个办法，那就是逃到男厕所。”“逃到男厕所是唯一的办法”，既让我感受到了时代的变化，也不禁让我感到悲哀。

在我的儿童时代，男孩都是扮演保护弱小女孩的角色。而今，为了让男孩变得强大，我们却要教育男孩“保护女孩”“男孩必须变强”等道理。这难道是社会发展的必然结果？

——节选自台海出版社《男孩的成长99%靠妈妈》，【日】高滨正伸著，周志燕译，2014年10月第1版P130-133，略有改动

第六章

言传身教，做男孩人生路上的好老师

当男孩一生下来，父母就对男孩有着很高的期许。然而，通常父母会希望有个既懂事又聪明的男孩，却疏于反问自己如何做个好的父亲或母亲。父母不仅将男孩带到这个世界，让他吃饱穿暖，而且给他树立了学习的榜样，于潜移默化中影响着男孩的一生。

父亲的榜样作用很重要

在生活中，父亲和男孩之间似乎更有默契，有共同语言。父子之间可以不分长幼地打闹嬉戏，在情感上亲密无间。行为学家表示，父亲与男孩在做游戏中，如果多一些身体接触，比如拥抱、击掌、“骑马”游戏等，可以促进亲子沟通。

正是由于父子间这种无距离、无障碍的深层次沟通，男孩才会产生一个将来要成为一个像父亲一样的男人的愿望。因此，在父亲身上，男孩能看到自己的未来，会自觉地以父亲为榜样。

母爱细腻、温柔，在母爱中，男孩能得到满足感；而父爱博大、粗犷，在父爱中，男孩能找到模仿的方向。

当然，如果一个小男孩长时间接触不到父亲，或者感受不到父爱，他会产生强烈的不安全感，进而会迷失方向。研究发现，长期接触不到父亲的男孩会产生女性化倾向。

另外，还有很重要的一点，在长期感受不到父爱的情况下，很多小男孩为了使自己有机会与父亲进行深层次的沟通，常常会用一些坏行为，如撒谎、偷盗、打架等行为，来吸引父亲的眼球。当然，还有很多小男孩甚至不惜伤害自己，以赢得父亲的关注。

总之，男孩是需要父亲的，他需要从父亲身上看到自己的定位，需要模仿父亲的行为来使自己成长为男子汉。所以，为了男孩的健康成长，父亲千万不要以“工作忙”为理由而忽视了对男孩的关注。

当然，父亲还应该注意自己的言行，父亲的言行、语言以及思想每时每刻都在影响着男孩的成长，男孩会在不知不觉中主动模仿父亲的行为，他不自觉地把父亲当成了自己的榜样。

但并不是所有的父亲都能成功地承担“榜样”这一角色。很多父亲就常常在无意识之间，把错误的思想和行为传达给了男孩。

父亲的言行可以说无时无刻不在影响着男孩。在生活中，如果父亲很少帮母亲做家务，那么当母亲要求男孩帮自己做家务时，男孩就会有理由拒绝：父亲不做家务，我也不做。因为父亲不做家务的行为在男孩的头脑中就会形成这样的想法：做家务是女人的事情，我是男孩，不需要做家务。这些想法可能是父亲无意中传给男孩的，也可能是男孩从父亲的表现中学来的。

男孩的成长是需要榜样的力量的，然而，父亲要想做好男孩的榜样也并非易事，因为在男孩渐渐长大时，他心中的榜样很可能会发生变化。

男孩天生是讲究规则的。如果男孩在每一个成长阶段，在进入新的环境之前，不了解其中的规则，那么男孩就会产生极大的不安全感。其实，父亲与男孩相处的过程，就是向他传授各种人生规则和成长经验的过程。由于受体内睾丸素的影响，男孩喜欢搞破坏、冒险，喜欢参加格斗类游戏，喜欢攻击别人、打架，常常令父母苦恼不已。如果父母对男孩的这种淘气顽皮的性格听之任之，不加管教，男孩就会更加肆无忌惮，最终让父母束手无策。但是如果父母强行禁止男孩的这种破坏性和攻击性，男孩天生的探索欲和创造能力将会受限，甚至被磨灭。

所以，最好的教育办法就是，告诉男孩，在人的成长过程中是需要很多规则的，要遵守规则，才能成为乖巧懂事、人人喜欢的好孩子。而这个任务最好由父亲来完成。因为父亲经常会与男孩在一起打打闹闹，无形中就会让男孩懂得打闹也是有规则的——不要伤害到别人，不能拳打脚踢，不能打小朋友，不要和同学打架等。这样男孩就会明白，可以和小朋友和同学玩摔跤游戏，却不可以无故地将别人推倒，更不能拉扯、厮打。这样当男孩以后再与别人打闹时，就会自觉把握好打闹的“度”，遵守游戏规则。

随着男孩的长大，学会了顶撞别人、争辩和抗拒。比如，有时候男孩会向母亲发起“挑战”，在这时如果父亲对男孩说：“不许你这

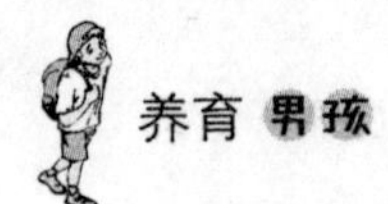

样同母亲说话，否则，我真的要管管你了……”男孩意识到触犯了父亲的这种“规则”，从此就不敢再向母亲“挑战”了。

所以，我们经常看到男孩在母亲面前会任性撒娇、肆无忌惮，而一看到父亲就立刻变得老实听话，表现完全不同了。他可以和父亲打闹，但他绝不敢在父亲面前胡闹。所以，父亲的威严让男孩明白，父亲所制定的规则是不可冒犯的。

对于男孩来讲，父亲是权威的，他有权制定规则。当然，如果这些规则能够让男孩心生敬佩，深入人心，男孩更会对父亲的规则严格遵守，并且对父亲非常信任和崇拜。

在一些男孩的眼中，父亲不仅是一种权威，而且还象征着一种力量，正是因为这种力量的存在，男孩才不会去做坏事，才不会变坏。

进入了青春期的男孩会表现出抗拒、叛逆，变得不听话，并不是说母亲的力量变弱了，而是男孩的“翅膀”变硬了。在这个时候，父亲更应该给男孩约束的力量和规则，并指引他朝着好的方向发展。所以，在男孩的青春叛逆期阶段，男孩是否会变“坏”，父亲的教育有着很大的影响。

对于青春期的男孩来讲，父亲就像一股道德的力量，他在时刻束缚着孩子的行为。其实，这在生物学上也是有一定依据的。

母爱对男孩的影响非常大

在家庭里，每位母亲都会对孩子给予无微不至的照顾，对孩子关怀备至，呵护他的成长，规划他的未来。因此，可以说母亲是与孩子接触最多的人，母爱对孩子的成长、生活习惯、性格的形成有着最深远的影响。

母爱是伟大的，即使是那些年过半百的中年男人也难免会有恋母情结。其实，如果我们仔细研究就会发现，男人对母爱的那种追随并

不是迷恋，而是寻求一种精神的寄托和心理的支持，而这种力量的给予者只能是母亲。

男孩都是喜欢调皮和冒险的，所以在男孩小时候，母爱的最大体现就是保证男孩的人身安全。

对于那些幼小的男孩来说，他们根本就不具备保护自己的能力，根本不懂得一辆正在向他飞驰而来的车辆存在着巨大的危险。因此，在男孩还没有形成保护自己的意识之前，母亲最主要的任务就是要保证男孩生活平安。

保证男孩的生命安全绝对不是母亲的全部任务。心理学家表示，对于正在成长中的男孩来说，母亲除了要保护他不受外界的伤害之外，还有教育他长大成人的职责，当然这一切都源自男孩母亲心中满满的爱意，因为在对待孩子上，任何母亲都无怨无悔。

科学研究证明，男孩比女孩更加依赖母亲，更多需要母亲的爱，如果他发现母亲不在身旁，就会产生极强的不安全感，会哭闹不休。如果男孩从小到大长时间缺乏母爱，这种不安全感就会伴随他的一生。

可是在生活中，很多母亲并不了解男孩的这种心理需求，在男孩刚出生不久，就会以工作为由把男孩交给保姆来照顾；有时，为了保持身材，甚至拒绝母乳喂养……

事实上，母亲的这些做法对男孩的心理健康会产生极大的影响。当男婴在母亲体内时，母子之间通过脐带联系在一起。当男孩出生之后，尽管他的身体已经脱离了母体，但在心理上仍然紧密相连。所以，如果母亲从小就对男孩疏远，就会给男孩带来极大的不安全感。

人是哺乳动物，在母亲哺乳的过程中，母亲与男孩之间亲密的肌肤接触可以使男孩的心理需求得到满足。即使男孩长大不再需要吃奶，母亲也应该和男孩多接触，多一些陪伴和关爱，因为断奶后的男孩仍然需要母亲的关注。随着男孩的成长，他与母亲之间的这种心理脐带才会自然脱落。

教育学家研究发现，3岁之前，是男孩智力发展的关键期。如果

在这一关键期，父母没能及时地对男孩进行智力引导和开发，那男孩智力开发的潜能就会逐渐递减，甚至还会出现萎缩现象。而在此期间，男孩最依赖的就是母亲。

所以，在男孩的智力开发方面，母亲的作用是极其重大的。如果在男孩生命的头几年，母亲没有在旁边呵护其成长，那么男孩的智力发展将会遇到很大的问题。

男孩小时候会无所顾忌地享受母亲的亲吻和拥抱。母亲的关注和爱护，是男孩身心健康发育以及智力发展的基础。如果在男孩生命的早期，母亲就忽视他，或者常常使他感觉到不舒服，那么男孩的智力发展就很可能会出现障碍。

不管男孩到了什么年龄，在母亲面前，他们都希望自己是个小男孩，都希望自己能够得到母亲的关心和爱护。所以，即使男孩开始拒绝母亲的拥抱和亲吻了，母亲也应该从别的方面让男孩感受到对他的爱。

由此可见，母爱对男孩的影响是巨大的，就像是给男孩的一剂强心剂，它会给予男孩十足的安全感，促使男孩去面对一切困难和挑战。

好父母胜过好老师

不光是父亲要做好男孩的榜样，父母都要注意自己的言行。因为父母的言行对男孩有潜移默化的作用，它会影响男孩今后的成长。如果父母的榜样出现了偏差，男孩的思想行为就会出现偏差，在今后的生活中他就会放松自律，做出有损社会公德的事情，从而也使他失去了社会性人格的发展机会。

父母是男孩一生的老师，明智的父母都应该以身垂范，给男孩做个好的人生榜样。

有一对夫妻经常抱怨他家的男孩“贪玩”“不听话”“不好好学习”。有一次，因为儿子考试两门功课不及格，夫妻俩就开始“收拾”男孩，打得男孩哇哇大哭。邻居见了，实在忍不住了，就过去批评他们：“你们整天让男孩好好学习，你们好好做爹妈了吗？你们整天打麻将打到半夜，却让男孩好好做作业，他能做得下去吗？”

俗话说，榜样的力量是无穷的，对于男孩成长来讲，这一点尤其重要。

正如俄国伟大的文学家托尔斯泰所说：“教育孩子的实质在于教育自己，而自我教育则是父母影响孩子的最有力的方法。”

男孩最早接触的生活环境主要是家庭，而父母是男孩的第一任教师，要以身垂范，做好男孩的榜样。

作为男孩的启蒙老师，对男孩的影响最深远。父母若想成功地教育男孩，则必须以身垂范，做男孩的好榜样。

在家庭教育中，父母经常会对男孩颐指气使，以此来规范男孩的言行和习惯，可是这种空洞的说教往往收效甚微，甚至适得其反。实际上，父母的言行举止，男孩都会看在眼里、记在心上，父母良好的行为规范会让男孩心生崇敬，并且会以父母为榜样模仿。所以，在日常生活中，父母要做好孩子的表率，做到谨言慎行，以身示教，凡是要求男孩做到的，自己必须首先做到。

父母对男孩的影响是无时不在的，尽管经常给男孩讲道理，但其行为却会对男孩产生更深的影响。

如果父母对待他人友好和善，男孩也会善待他人；如果父母心胸狭窄、自私自利，男孩也同样会冷漠高傲、目中无人。如果父母找理由推掉不愿参加的约会，或者因为不想接电话而让男孩告诉对方自己不在家时，就会给男孩的心中留下父母爱撒谎的印象，受到这种不良影响的男孩渐渐地就学会了骗别人。如果父母对顺手牵羊的事不以为然的话，那么男孩也会觉得偷窃不是错事。如果父母在孩子面前难露笑脸或漠不关心，那么男孩也会缺少爱心，冷漠待人。

父母是什么样的人要比父母说什么样的话更有力量。父母做出了率直的榜样，男孩就会诚实；父母用爱环绕着他，男孩就会去爱；父母善于谅解，男孩就会宽容；父母对体育显示出兴趣，男孩就会在绿茵场叱咤风云；父母用微笑和闪烁的眼睛对待生活，男孩就会懂得幽默；父母感谢生活的祝愿，男孩就会对生活满怀欣慰；父母表示出友好，男孩就会变得和善；父母的言辞充满进取的意志，男孩就会振奋他人；父母勇敢地面对挫折、失败和不幸，男孩就能学会顽强地去生活；父母的人生肯定了其对于生命长久而深沉的信念，男孩将不再迷惘；父母用真善美维护着男孩，男孩将会发现生存的真谛；父母的行为像个英雄，男孩就会成为勇士。

此外，父母在对男孩的教育中，在深化男孩道德行为的同时，既要关注行为结果，又要关注行为过程的合理性和适当性，给男孩营造一个诚信、激励、乐观向上的好环境，以确保他在生活中不至于偏离社会轨道。

所以，男孩的父母，应该认识到，父母在男孩的眼里就是模范和表率，父母的一举一动、一言一行都在潜移默化地影响着男孩。身为父母应注意自己的品德修养，无形之中，也会深深地影响男孩的言行，促进男孩的求知欲，使男孩在耳濡目染中养成刻苦钻研、执着追求的优良品质。

拿捏爱男孩的“分寸”

父母自然都爱自己的孩子，但是要拿捏好爱孩子的分寸。总是处于父母的娇惯下的男孩，不好好学习不说，还会时常逃学，老师一说他，他会横加顶撞。男孩的坏习惯一旦形成，想要纠正谈何容易！

一般来说，刚出生的男孩有理由得到格外多的关怀，比如吃喝拉撒、父母的怀抱、没有病痛等。但是随着年龄的增长，男孩会越来越

摸透父母的习惯和脾气，会用撒娇或哭闹的方式来满足自己的愿望。比如，男孩一哭闹，父母就会马上跑过来嘘寒问暖。也就从这时开始，父母就已经从养育转为溺爱了。很多年轻父母一遇到孩子哭闹就慌忙抱起来哄，即使是在半夜里，也丝毫不敢怠慢；或者每过几分钟就跑去照顾男孩、陪他做游戏，等等。长此以往，男孩就会习惯了在家里享受的这种优待，稍一不满意就大哭大闹，任性撒娇。而父母在无奈中也习惯了对男孩百依百顺。

现在的父母比以前的父母更易宠溺自己的男孩。产生这一现象的一个很自然的原因就是，现在大多数的家庭只有一个男孩，父母及其他家庭成员把全部的精力和注意力都放在男孩身上，并很自然地认为，反正只有这么一个男孩，就应该对他好。

有些父母因为自己小时候被父母管教得特别严厉或者生活不是很富裕，所以当他们自己有了男孩的时候，往往会走入另一个极端，对男孩完全放任自由，予取予求，并认为自家男孩的生活比自己小时候好是理所当然的。

有一些父母出于工作等原因，不能经常陪伴男孩，常觉得为此而愧疚。于是，他们便常常无止境地为男孩购买贵重的玩具，满足他的任何要求，以此来弥补他们无法经常陪伴男孩的遗憾。

对于那些身有残疾或者父母离婚的男孩，父母总会觉得对男孩有亏欠，觉得对不起男孩，为了补偿他，这些父母常常会特别溺爱男孩。

在那些溺爱男孩的家庭里，常常会看到类似的场面。许多父母都会为自己辩护说："我只是希望让孩子得到最好的。"事实上，过多的爱只会害了男孩。专家有时将父母对男孩的溺爱称之为"甜毒品"，虽然表面上香甜可口，但其实它就像毒品一样，会对男孩的成长造成不良影响。

当然，不溺爱男孩，并不代表没有爱和无原则的苛求。比如，在男孩生日时，父母可以满足孩子多一点的愿望；或者在某些特定的情

况下，满足男孩梦寐以求的心愿。关键的问题在于，父母要让男孩知道，每一次的“特殊优待”都有着特别的原因。

不溺爱男孩并不意味着可以打骂男孩。据美国的一项问卷调查显示，有7%的父母认为打骂是管教男孩的最佳方式，有40%的父母觉得打骂之后，男孩的表现还是一样。有经验的父母会发现，打骂一开始的确会收到立竿见影的效果，可是长久下来，男孩并没有变得比较好，有的甚至更坏了，尤其是只用打骂这一种方式来管教男孩，更是效果奇差。

因为打骂只会使男孩不再在你的面前表现出你不喜欢的一面，并非真的改正了错误，而是躲到你背后，在你看不到的地方继续淘气，继续学坏。打骂只是让他学会了逃避被打，而没有学会什么是应该、什么是不应该的是非善恶观念。如此一来，你还觉得拿出棍子打男孩是很管用的管教方式吗？而且即使男孩真的犯错，他也不会心甘情愿被打，他的内心会充满怨恨和不满，并会渐渐失去自尊、自爱和自信，同时他更学会了用打人来解决问题的模式。

那么，难道父母就只能眼睁睁地看男孩犯错，任他为所欲为了吗？不，我们只是说打骂不是唯一的管教方式，不要用体罚来解决问题，因为那样做的效果只是暂时的、表面的而已。男孩犯了错误是要受到适当的处罚的。

父母爱自己的男孩，这是人之常情，但是要拿捏好爱男孩的分寸。它对男孩的健康成长起着很大的促进作用。

（1）爱男孩要有理智。也就是说，在爱男孩的过程中，要能自觉地控制自己的感情，克制那些无益的激情和冲动。苏联著名教育家马卡连柯在《父母必读》一书中的序言有这样一段话：“子女固然由于父母方面的爱的不足而感受痛苦，可是，他们也会由于那种过分洋溢的伟大的爱的感觉而腐化堕落。理智应当成为家庭教育中常备的节制器，否则男孩们就要在父母最好的动机下养成最坏的缺点和行为了。”这段话讲得十分深刻。

然而，有些相对年轻的父母，在对待男孩上，往往把握不好爱的分寸。他们对待男孩常常是毫无原则，过分溺爱，有的父母对男孩姑息迁就，自由放任；有的父母只会千方百计满足男孩的吃穿住，却从不关心男孩的心理发展和思想情绪的变化。以上这些做法很容易会把男孩惯坏、宠坏。这种爱是不理智的，是有害的。

（2）爱男孩要严格要求。爱男孩就要严格要求男孩，这也是爱男孩的一种体现。俗话说“爱之深，责之切”，意思就是说，正是出于对男孩深切的爱，所以才对他严格要求。所以，父母应该学会理智地爱孩子，要做到“严”中有“爱”，“爱”中有“严”。当然，严格要求孩子并不是对男孩进行训斥、打骂，而是要做到以理服人，态度耐心，循循善诱地说服男孩。

平日里，父母对男孩严格要求是很有必要的，因为男孩往往缺乏经验，有时还是非界限不清，而且对自己的情感和行为往往也不善于独立控制。如果父母对他不严格要求，他往往还不能主动地、自觉地学习和按道德标准来行动。因而，这就更需要父母对男孩的思想和行为有严格的要求，使他养成良好的思想和行为习惯。仅有爱不见得能教育和培养出优秀的男孩来，只有把爱和严格要求结合起来，效果才会更好。

（3）爱男孩不意味着不管。采取“暂时的隔离”的处罚方式，可以使男孩真正地改过向善，又不留下后遗症。“暂时的隔离”就是在男孩犯错时让他暂时不和别人接触，让他坐在角落的一张椅子上，以“一岁一分钟”为原则。不过，切不可把男孩关进厕所或单独留在一个房间里，那会造成男孩的恐惧心理，影响极坏。处罚的同时要让男孩明白自己做错了什么，因为男孩如果不明白自己为何受罚，那么处罚就没有意义了。

总之，父母爱男孩一定要把握理智、严格、适当的原则，千万不要溺爱姑息男孩、过分地迁就男孩与宠爱男孩。爱男孩要拿捏好分寸。只有这样，才能把男孩培养成为有良好个性品行的优秀人才。

教育男孩父母态度要一致

父母对男孩具有强烈的暗示和感染力量。父母不仅是一种权威，而且是男孩言行举止标准的提供者，父母的表现在很多情况下会成为男孩的参照。父母要使男孩的言行有所遵循，切不可言行不一，言行相悖比对男孩放任自流影响更坏。古人云："以教人者教己。"即要求男孩要具备的良好的品质和习惯，父母应自己首先具备。

当然，要想让青春期的男孩认同父母的教育，父亲必须要和母亲达成统一的战线。并且，在这一过程中，父亲的态度一定要是真诚的。如果父亲并不是想帮助母亲，而是逢场作戏式地教育男孩，那男孩就会越来越不尊重母亲，甚至还会越来越多地向母亲的权力发出挑战。

男孩的教育中，父母的角色很重要。如果父母扮演的角色不对，则会影响教育的效果，有时是事倍功半。

中国习惯上说"严父慈母"，父亲和母亲双方在家庭中各自所扮演的角色性格总是有所不同。不同的角色性格以及体现这种性格的言行毫无疑问地要对男孩的成长发生不同的影响。一般说来，在中国，来自父亲一方的影响往往是尊严、果敢、进取和责任感；来自母亲一方的影响往往是温顺、宽容、体贴和义务感。父母双方面的影响是互补的，合起来形成一个相对完整和谐的教育影响环境，对男孩性格的各方面产生一系列微妙但却又实实在在的影响。从男孩心灵发育的角度看，这种双方面的影响是不可相互替代的，反而呈现出相互烘托、相互加强的态势。父亲的威严更加衬托出母亲的爱心；母亲的知足和温顺又更加突出严父的进取精神和责任意识。在这样的环境中成长的男孩的人格也肯定会获得相对完整和谐的发展。这正是家庭教育所应达到的结果。

一些父母认为，要管教男孩，必须是一个要"严"，另一个要"慈"；一个"唱红脸"，一个"唱白脸"；或叫作"父严母慈"。以为只有"一严一慈""一软一硬"，相互配合，"软硬兼施"，才

能教育好男孩。这种说法，乍一听，似乎有一番道理，好像这是家庭教育最好的搭配和组合。所以一旦男孩出现问题时，都是父亲先打骂，母亲来庇护；有的家庭是父母严格管理，祖父母阻拦。

多数时候是父亲对男孩比较容易严厉，母亲对男孩比较容易溺爱。这都造成了主观和客观上的教育态度的不一致。

其实，“一严一慈”“一软一硬”这种方式是不可取的，这是一种不良的教育方式。如果一个父母对男孩较严厉、苛刻，另一个父母过于温和、宽容；或者一个要求特别严格，另一个又特别迁就、姑息、放任，不难想象，就会出现下列情形：男孩在严厉父母的面前，很老实，战战兢兢，唯唯诺诺，有话也不敢说，有理也不敢申辩，有事也不敢做。而当着温和的父母的面，则像换了一个人似的，言行放肆，为所欲为，一点儿规矩也没有。这样的家庭教育，肯定造成男孩心理上的不正常状态，养成不良习惯。比如欺软怕硬，见风使舵，看人脸色行事，容易形成当面一套、背后一套的两面作风等。

父母态度不一致，还可使男孩学会钻空子，谁能答应他的要求他就去请求谁，并且把父母分成谁好谁坏。一些男孩就是在这种搭配组合中钻空子，出了事只告诉护着的一方，使父母在教育时采取迁就的态度。长此以往，男孩在家里找到了保护伞，以致家庭教育失去了约束力。而且，父母教育男孩态度不一致，也很容易造成家庭矛盾和彼此间的不信任。

一个周末，一家三口逛商店，男孩看中了一个玩具枪，非要买，爸爸不给买，男孩就开始哭闹，爸爸给他讲道理讲不通，男孩就躺在地上哭闹不起来。于是妈妈赶紧过来哄，爸爸气得要打，妈妈心疼得马上要给男孩买，爸爸不同意，于是夫妻二人吵了起来。结果男孩没管好，夫妻俩倒弄了一肚子气。

可见，父母对男孩的态度不一致，不仅会影响夫妻之间的感情，也会影响到父母在男孩心目中的威信。

另外，有老人的家庭或是老人带男孩的家庭，最容易出现老

人袒护男孩的情况，老人常常阻挠男孩的父母管教男孩，这也许是“隔代亲”的缘故，这就造成了两辈人在男孩教育问题上的不一致。

实际上，老人惯男孩，父母也是有责任的，这是因为老人和男孩的父母之间缺乏沟通所致。如果从男孩小的时候父母与老人就都很关心男孩，经常探讨教育方法，也不至于使老人一味地娇宠男孩。等到男孩长大了，出现了一些毛病，才发现老人带男孩的方法不当，这就说明父母在男孩小时候对老人的教育方式是不够关心的。

如果真的出现老人太惯着男孩的情况，男孩的父母就要与老人沟通，讲清道理，耐心开导，使老人心悦诚服，同心协力把男孩教育好。

一般来说，老人与男孩的父母发生分歧，有几种情况：一是老人的旧思想太多，给男孩施加不好的影响，如教男孩撒谎、骂人等；二是老人的教育方式不当，如无止境地满足男孩的一切要求；三是老人分担的家务重，对男孩撒手不管。具体事情应具体分析，然后耐心帮助。帮助老人要讲究方法，避免出现婆媳或丈母娘与女婿不和的局面。

和谐的家庭环境往往形成和谐的人格，而残缺的家庭环境往往形成偏执的人格。在家庭教育中，父母双方的角色性格都应发挥其本来的教育影响力。一方的缺失或一方的疏忽都会破坏家庭教育环境的完整与和谐。单亲家庭对男孩教育的困难之一就是这种和谐性丧失带来的。父亲或母亲要发挥另一方的角色性格影响几乎是不可能的。双方家庭中若有一方因为工作关系或认识问题不能使自己所担负的角色性格发挥应有的影响，则亦有可能造成和谐性的缺失。

父母双方都对男孩负有不可推卸的教育责任，这是一个常识。父母双方也都对男孩发生各自特殊的教育影响，一味地把男孩赶到母亲或父亲身边的做法隐藏着很大的教育危险性。父母都应该担负起自己应有的教育责任。

夫妻之间一定要注意维护彼此的威信，绝不能为了提高自己的威信而故意贬低另一方。即使是一方对男孩的要求不合理，也不能自己单方面出面更正，而是应该与对方交换意见，由他自己出面更正。这

样，既有利于男孩改正错误，也有利于维护父母的威信。

如果父母教育男孩时，总是出现矛盾，母亲这样说，父亲那样说，男孩就无所适从。男孩分不清谁是对的，不知道应该听谁的，干脆谁的也不听，也就用无所谓的态度对待自己所做的错事。

如果父母教育男孩态度不一致，就会影响男孩的心理健康。调查表明：在有心理问题的儿童中，父母采用“态度不一致”的方式的比例明显高于正常儿童父母所采取该教育方式的比例，所以父母要在子女教育中扮演好角色，并不是说两者的角色不能一样。相反，父母也好，祖父母也好，教育态度必须步调一致，互相合作，否则就是无效的。

所以，父母双方教育男孩的态度要一致，要严都严，不该严，就都不严。需要严的时候严得起来，需要慈的时候能真正有慈。每位父母都应该是有严有慈，集严慈于一身。

别给男孩开空头支票

父母一旦答应了男孩某事，就一定要兑现，若一件事兑现起来有困难，则不要轻易许诺。如果父母经常说话不算话，就会降低在男孩心目中的可信度，男孩对父母的崇信、敬仰与爱戴，就会随父母失信次数的增加而递减，男孩甚至会下意识地效仿父母，养成说话不负责任的不良习惯。

生活中，有的父母经常向男孩许诺，也许父母的许诺出发点是没错的，是希望给男孩进步增添一点儿刺激，使之有动力。然而，有很多父母却很难兑现自己的承诺，不能兑现的时候就开始为自己的“爽约”寻找理由，使承诺带来的正面刺激一步步消失。假若父母总是为自己的“爽约”寻找客观理由，那么男孩将来也会为自己做不到的事寻找各种借口，而不从自身寻找原因，不肯道歉及反省自我。这将会

给男孩带来一种很严重的后果。

如果父母的做法习以为常，孩子也会学着父母的样子变得言而无信，爱撒谎，不会去遵守自己许下的承诺。当父母因为各种原因而无法兑现承诺，男孩就会觉得父母口是心非，再也不愿意相信父母了。久而久之，不但会严重影响亲子间的和谐关系，也会让父母在孩子面前大失威信。

没有信任就没有威信，父母失信于男孩，害处是相当大的。所以，作为父母一定要做到说话算数，切不可为了达到某种暂时的目的而欺骗男孩，对男孩撒谎。

父母应像与成人的交往一样认真对待与男孩之间的相互承诺。它不仅是与男孩交流的一种合理形式，也是培养男孩健康人格的一种有效手段。当男孩认识到自己答应了的事情就必须做到时，便有了责任感，从而学会履行责任，养成良好的道德习惯。

那么，作为男孩的父母怎样才能正确地向男孩许诺，在男孩心目中树立起言而有信的形象呢？专家们建议父母，许诺时要注意以下几个方面的问题：

（1）尊重男孩，做到言而有信。父母要尊重男孩，不要以为男孩年龄小、不懂事，就不重视对男孩许下的诺言，无论能否兑现都不在意。在男孩的眼里，守信用是最重要的。男孩有时会抱怨大人说话不算数，那是因为他希望自己的愿望得到满足。

（2）把握许诺的次数，莫胡乱许诺。许诺应随着男孩年龄的增长逐渐减少。年龄小的男孩，控制能力差，许诺可以多些，随着男孩年龄的增长，有较好的自控能力，许诺次数可以逐渐减少。

父母的承诺必须有利于男孩的健康成长，使其起到正面教育的作用。不要在男孩面前夸口，胡乱许诺。承诺太多而又不能兑现，将使父母在男孩心目中的地位大大降低。还要提醒父母的是，如果男孩提出一些不当要求，这时父母要有自己的原则和底线，即要把握一个“度”，要清楚地告诉男孩那是不可以的。这样就会让男孩渐渐懂得

在生活中还有“可以”“不许”“应该”等一些概念，从而是非分明，促进男孩心理健康发展。

（3）应增加精神许诺的比重。许诺包括物质许诺和精神许诺。适当的物质许诺是可行的，但不能过度，否则会滋长男孩虚荣、自私等不良习性。可尽量多地使许诺与有意义的活动相连，如许诺给男孩买书籍，带男孩去看画展、旅游等，既能调动男孩做事的积极性，又能丰富男孩的精神世界，开阔男孩的视野。

（4）诺言不能兑现要积极处理。当父母因为工作等原因无法兑现承诺，使男孩感到失望、委屈时，父母不可强迫男孩接受自己食言的结果，而应主动并诚恳地向男孩道歉，说清楚自己没有遵守承诺的原因，这样更容易取得男孩的谅解。如果在以后寻找到兑现自己曾经没有实现的诺言的机会，应尽量弥补。如果男孩暂时无法谅解，也不能用呵斥、教训的方式对待男孩。很多情况，男孩只是因为已经把父母给自己的许诺告诉了同学和朋友，一旦没有兑现就会觉得没有面子而生气，所以父母要理解孩子的过激言行和不满情绪。美国儿童心理学家罗达·邓尼说过：“父母犯错或者违背自己许下的诺言时，如果能向孩子道歉，说一声‘对不起’，就可以重新建立起孩子的自尊和信任，同时也让孩子懂得尊重他人。”

总之，父母最好做到言而有信、以诚相待，这样男孩才会信任父母，也才愿意和父母谈心。父母是男孩接触最多的人，也是男孩的榜样，所以父母只有说话算话，才能在男孩心目中树立威信。

正面管教：父母如何面对自己在孩子身上的投射

台湾著名教育心理学博士许皓宜在其著作《特别耐心特别爱》一书中，重点谈到了父母在面对孩子模仿自己的言行举止时该怎么办的话题，这里引用如下：

不知道大家有没有过这样的经验：明明是你在跟家里的某个人对话，时间一久却发现，孩子也不知不觉地学着你的样子讲话。在教育学的观点中，我们都以为这只是一种孩子单纯的“模仿”；但站在深度心理学的观点上，我们是这样看的：当夫妻生下一个孩子，这个孩子往往蕴藏着父母亲幻想层面的意义；父母亲幻想着自己的孩子会成为什么样子，这种幻想也会反过来影响夫妻关系，夫妻就这样共同推动着让孩子不自觉地朝父母的幻想前进。

换句话说，有时我们觉得某个孩子的样子和表情与父母越来越像——这不只是因为孩子在学我们，而是我们也投射了自己的期待，让孩子成为了这个模样。

1.孩子可能这样想

（1）你不用说，我都知道。亲子之间一向有种不需言说的默契。有时我们会觉得很骄傲：孩子很贴心、总是知道我们要的是什么。但从一方面来看，某些我们藏在心底、不希望孩子卷进来的负面情绪，孩子也可能感受得到，并让这些感受成为他心里对父母的想象。

也就是说，要想让父母的情绪、期待、原生家庭完全不影响孩子，几乎是一件不可能的事——而且，这个影响甚至不需要通过语言。

（2）我不自觉，与你的情绪和需要连在一起。孩子会不自觉地吸纳父母的情绪，成为自己的情绪——许多研究已经证实了这点——而且这种情绪的吸纳特别容易发生在两个人之间关系紧张的时候。例如，当母亲长期觉得自己不受到丈夫的关注，或者在婆家遭受许多委屈，孩子就会不自觉地踏进母亲的世界里，想要代替周围那些没能满足母亲的人，来照顾母亲的需要。

在这样的状况下，我们可能看到一对关系越来越紧密的母子——等到父亲赫然发现时，母子已经密不可分，而孩子可能也因为和母亲太过靠近，而出现了某些行为上的问题（例如，没办法自己起床去上课）。

由此可见，认识自己投射到孩子身上的心情、辨识孩子是否与自己产生了过度紧密的关系，是父母要避免负面情绪传递到下一代的关键。其中一个可以参考的指标是：孩子是否总是离不开谁？孩子是否特别容易受到谁的情绪影响？孩子是否总喜欢做某些事情（例如，生病、捣蛋等），来分散父母的注意力？

2.家长可以这样做

（1）重新认识自己的婚姻：是否被父母角色全然占有，而少了夫妻角色？心理学研究曾经提到：现如今的夫妻所面临的最大问题，往往是他们内心在传统价值观与现代价值观之间的斗争。也就是说，虽然我们现在所认知的妻子与丈夫角色，和古代所认知的妻子与丈夫角色已经大不相同，我们仍然会有“自己的角色该如何扮演”的预期。

当夫妻没办法认同自己身上某些不符合传统性别的特质，就可能导致关系中存在某些隐晦的问题，夫妻会建立一种僵化、刻板的沟通模式。最常见的有几种：

一方担任有权力的控制者，另外一方扮演弱小的角色。

一个明明是聪明有智慧的女人，为了配合丈夫投射在她身上的好妈妈形象，会不自觉地努力避免自己工作能力的发挥和事业的发展。

一个本来情感丰富、才华洋溢、内心有点孩子气的男人，为了配合妻子投射在他身上的好爸爸形象，不自觉地变得冷漠、理智、成天拼命赚钱。

这种婚姻是以牺牲自由、相互依赖，来保持家庭的稳定，但却让夫妻彼此的自主性、自由感与亲密感都大为降低。因此我们会常常发现：有许多男人的择偶标准是老婆会不会做菜（这是一种像婴儿一样，需要人家满足口欲的需要），但又很难对这个如同老妈妈一般的妻子有亲密行为（妻子的表现太像一个母亲、而不像一个老婆）。

在这样的关系中，夫妻往往无法把内心对对方的讨厌、喜爱、亲密甚至攻击的冲动，用较有趣的方式表现出来，所以他们无法打情骂

俏，失去了情趣，也失去了彼此角色互相协助的弹性。更重要的是，这种在夫妻之间无法满足的需要和冲动，就是导致我们会去绑住孩子或从孩子身上去需求满足。

因此，发现自己在家庭中，是否被“父母角色”给占据了绝大部分，而让“夫妻角色”少于生活的一半以上，将是我们协助孩子免于受到父母关系影响的第一步。

（2）促进夫妻相互了解：你的特质从何而来？夫妻有时会相看两厌、彼此看不顺眼，有很多时候是因为“不懂对方为何会有如此的个性与坚持”。

事实上，我们都受到自己的父母亲关系影响，形成长大后存在心里头对夫妻的想象。当我们要进入婚姻殿堂的那一刻，往往把这个想象投射到另一半的身上。所以当我们定义“另一半应该要是什么样的人”的时候，那是因为我们把自己内在的影子放到了他的身上——而这可能阻碍我们接触另一半真实的样子，让我们看不到他们真正的优点，并卡在“为何他是这样，不是我想的那样”的执着上。

所以，当在婚姻中感到痛苦、生气、难过的时候，常常是因为我们接触到了自己的影子——但有趣的是，因为这些接触的存在，夫妻才有机会通过磨合的痛苦，来认识彼此真实的样子；也才有机会通过自我觉察彼此了解，来形成支持性的关系。

（3）建立父母角色与夫妻角色的界限。同时经营婚姻关系与亲子关系，这些期待与幻想难免彼此交杂。如果孩子能符合父母的幻想，这对夫妻的生活可能会过得容易一些。但父母更要去辨识：有没有哪些另一半没能满足我的地方，孩子在不知不觉地去填补那空虚的一角。

在父母和夫妻角色间建立界线，你会发现，无法当很成功的夫妻时，我们仍在学习当合作的父母。

——节选自民主与建设出版社《特别耐心特别爱》，许皓宜著，2016年6月第1版P151-155，略有改动

第七章

督促学习，使男孩有超强的学习能力

有的父母为了让男孩不落后于别的孩子，一天到晚让男孩学习各种知识，认为男孩学得越多，就会比别的孩子越优秀。对男孩知识的培养虽然重要，但是不能一天到晚进行知识的灌输。中国有句古话：授人以鱼，不如授人以渔。在教育孩子时同样要加以借鉴。会学习的男孩才是有潜力的男孩。男孩学习能力的强弱会决定他在学习过程中掌握各种知识的成效，从而影响学习效率的高低。

该怎样对待男孩的考试分数

有的父母由于各种原因，未获得较高的学历，便把希望完全寄托在男孩身上，指望男孩将来能够考上大学，最好能考上个名牌大学，给家里带来好名声。在这种心态驱使下，父母对男孩的考试分数看得比什么都重要，有的男孩考试的分数因没达到父母的要求而常遭毒打。

一个不满10岁的男孩，尽管他聪明好学，学习成绩优秀，一直是学校的三好学生，是一个老师和同学都喜欢的好男孩。但是他的母亲仍因他考试的分数没有达到自己的要求而经常打骂他。一个聪明可爱的男孩，竟成了分数至上的牺牲品。

一般来说，分数能反映男孩的一些学习情况，父母关心男孩的分数也是应该的。但是，有的父母望子成龙用心良苦，把学习成绩看得太重，逼着男孩去争高分，殊不知会给男孩带来许多不良的后果。

首先，过分看重分数，造成男孩与父母的对立。小学生的认识很直观，没有完全具备透过现象看本质的本领。特别是低年级的男孩，他不知道父母注重分数是要他好好学习，出发点是好的，是爱他的。他只知道自己没有得到满分，被父母训斥、打骂了；而得了满分，受到父母的表扬、奖励，他也不会认为父母这是喜欢他，而是喜欢高分。父母与男孩间的纯真感情被这分数离间了。

其次，过分看重分数，损伤男孩的自尊心。小学里的男孩，都是天真纯洁的，都有积极向上的愿望。即使是学习差的男孩，他内心深处也有争第一的愿望。有时，男孩偶尔得低分，父母不问青红皂白，轻则辱骂一番，重则毒打一顿，会使男孩感到委屈，自尊心受到伤害。久而久之，很容易使男孩自暴自弃，造成男孩对学习的反感。一个即便是很聪明、学习也很用功的男孩，学习成绩也不可能都是一百

分。把分数看得至高无上的父母，对男孩的成绩总是要求好了还要更好，希望都是满分，事实上这又是不可能做到的。

再次，过分看重分数，导致男孩惧怕考试。有的男孩平时学习很好，但一临近考试就紧张，担心考不好。越害怕就越容易出错，也就越考不好。而父母并不注意这一点，一味地在考前给男孩施加压力，造成了男孩心理上的恶性循环，从而影响了男孩的健康成长。

因此，对待男孩的学习，过于注重分数有很大坏处。考试的分数不能代表男孩学习质量的全部，考卷也不能决定一个人的价值。父母应体谅一下那些因为分数不好而愁容满面的男孩，使男孩不要成为分数的奴隶。那么该怎样看待男孩的分数呢？

（1）孤立的一个考试分数不能说明问题，关键是要看男孩的分数在班级内的位置。学校的类别不同，年级不同，科目不同，分数的标准也就不相同。小学一年级语文、数学得满分是常事，五六年级得满分就很困难了。所以，只有在比较中才能发现男孩的真实情况。

（2）一般说来，分数的高低同考题的难易，男孩的基础、能力等多种因素有关。从考题的难易上讲，考题的难度较大，取得高分就不容易；考题的难度小，取得高分就容易些。如果不考虑考题内容，规定男孩都要考在95分以上显然是不切实际的。例如，有的学校片面追求升学率，为应付统考，平时出题往往超出教学大纲的范围，学生考及格就不错了。“水涨船高”，题简单得高分；题难，得60分就了不起，50分就能属于中等。

（3）一次考试分数中所反映的不仅仅是男孩的基础知识，还包括基本技能等。做父母的要从男孩原有的基础出发，判定男孩进步与否，同时找出问题的症结所在，加以指导和帮助。男孩知识基础比较薄，想让他大幅度提高成绩也是不可能的，应该是一点一点地进步。有时，老师为了提高学生的学习兴趣，鼓励差生，考题出得比较容易，在这种情况下，男孩可能得高分或满分。尽管男孩考试分数显著提高，但还不是他的学习有明显进步，这应引起父母注意。

（4）男孩既要重视分数，而又不把分数当作唯一标准。男孩的学习主要从学习成绩上反映出来，但并不是说分数决定一切，分数高不能说明男孩就聪明。思想品德、活动能力、表达能力等在分数中是无法体现的。

因此，父母既要关心男孩的学习，重视男孩的学习成绩，又要教育男孩不要满足于现有的成绩，积极鼓励男孩更多地掌握知识。当男孩取得好成绩时，父母不要过分夸耀，以免男孩滋长傲气，对学习产生惰性。如果男孩的成绩由于某种原因下降时，父母不要大动肝火，打骂一通，应耐心帮助男孩分析受挫的原因，提醒男孩今后注意，争取下一次考得好一些。如果男孩在一段时间内学习成绩一直下降，父母必须引起注意，及时与老师联系，适当加强学习辅导。如果男孩学习一直较差，父母则应严格要求，热情辅导，鼓励男孩克服学习上的困难，设法培养男孩的学习兴趣，只要男孩在学习上有一点儿进步，父母就应予以表扬，强化男孩的学习积极性。这样男孩的学习成绩自然会持续提高的。

对男孩的期望要看实际

赞美其实是一种艺术的体现，父母要想演绎好这门艺术，首先要有一双善于发现的眼睛。

10岁的小杰是家里唯一的男孩。他的父母希望他能够在各个方面都表现得非常出色。

为此，他的父母在学习上给小杰提出了高标准要求：不但学校里组织的各类学习活动要力争优先外，课外辅导和课余活动也要独占鳌头，比如小提琴比赛、体操比赛以及其他活动比赛等都不能落在别人后面。父母要求他的所有活动项目必须达到最优秀的标准，而小杰也十分争气，各门功课和各项校内外活动竞赛都是全赢，令同学们和家

长非常羡慕。在大家眼里，小杰被认为是难得的优秀男孩。但是，生活中的小杰表现如何呢？原来，虽然在学习成绩上小杰不输别人，但在性格和日常行为上却很难受欢迎。他对别人的评价非常敏感，稍有不满便不高兴，行为上经常会有神经质的异常表现。另外，他也不像其他同龄男孩那样课余时间尽兴地说笑和玩闹，总是带着一副压抑的神情……

从上面的小故事中，可以看出小杰虽然学习优秀，但却不快乐，原因之一就是小杰的父母对小杰期望值过高。功课门门要第一，比赛样样拿冠军，大小活动全不落，校内校外都优秀，这种过高的期望对孩子来说是一种巨大的压力和挑战，即便他有能力或者通过努力达到了某项标准，在内心里也一定是疲惫不堪、苦不堪言的。给孩子抱有过高的期望值，在孩子的内心就形成了一种强烈的愿望，即要用自己最好的表现来获得父母的愿望，只有获得第一，才能让他们高兴。只有他达到了父母的要求，在父母的眼里才有地位，才会变得重要。但是，父母没有意识到的是，过高的期望值会失去男孩所应该享有的天真和无忧无虑的生活。这一点值得每一位父母深思！

当今社会，父母望子成龙、望女成凤的心情非常迫切，父母对子女期望值过高已成了一种特殊的社会病态。父母对男孩期望值过高的现象非常普遍。不可否认，父母这样做无疑是出于对男孩的爱，父母对男孩寄予期望也是情理之中，是可以理解的。但是，父母要把握对男孩期望标准的度，一旦父母的期望标准脱离了实际，违背了男孩身心发展的内在规律，让男孩觉得目标可望而不可即时，就会严重影响男孩的性格发展和身心健康。

所以，父母对男孩的期望要把握好“度”。那么，作为父母，又该如何正确把握对男孩的期望呢？

（1）善于鼓励男孩的进步。对男孩高标准要求的父母，通常都对男孩抱有很大的期望，管教严苛，甚至吹毛求疵，不让男孩犯一点儿小错误。父母一边寄予男孩很高的期望，一边不断地指责挑错，时间长了必定会挫伤男孩的自尊、自信和勇气。这些父母很少能够发现男孩的进步，更忽视他身上的闪光点和优势，用苛求和越权剥夺男孩的权利，漠视男孩的心理感受，这与男孩的成长是不相适应的。相反，如果父母对男孩的每一点进步及时加以鼓励，就会使男孩充满活力，具有自信，在进取中获得快乐。

（2）激发男孩的动机。如果父母要使期望成为现实，就必须让男孩把期望化为自身发展的内在动力。如今的男孩大都养尊处优，在家里受尽父母的宠爱，不知不觉地养成了一种被动的习性，凡事依赖父母，缺乏主见，从来不知道自己想要什么，更缺乏学习的动力和目标。在这种成长环境下，男孩的主动性与创造性降低。有时处理不好甚至还会产生逆反心理。这样的期望，不但不能对男孩产生积极作用，反而起了反作用。

（3）降低期望值，给男孩设定合理而实际的学习目标。作为父母，严格要求男孩是必要的，因为男孩毕竟自我管理能力差，表现被动，需要设定学习目标以督促他积极进取。但是，这种要求和期望应该符合现实，如果男孩的基础较差，父母就不要定过高的目标。目标差距太大，会使男孩丧失信心，产生自卑。一般而言，给男孩树立一个可望也可即的目标是最合适的。教育心理学家认为，对男孩提出恰当的期待和要求，才能产生良好的“期待效应”。

父母都希望自己的男孩健康快乐地成长，所以，父母要有平和的心态，适当降低对男孩的期望值，给男孩减少压力，根据实际情况和男孩一起制定合适的奋斗目标。“因为我是菊花，所以请别让我在夏天开放；因为我是白杨，所以请别指望从我身上摘下松子。”这反映了大多男孩的心声。

尊重了解男孩，不随便将成人的意愿强加给男孩。男孩是个独立的、完整的个体，其身心发展有着他们特有的规律和特点。如2岁左右的男孩开始有了自我意识，出现了第一个心理反抗期，什么事都要自己做，有时甚至会毫不留情地将成人为其做好的事情推翻重来。成

人若不了解男孩这一特点，就会认为男孩执拗，不听话，其实成人此时不但不该责备男孩，还应对男孩的这种自主性的表现给予鼓励和赞赏，并为男孩提供锻炼的机会。

父母不应该只注重结果，而应多关注男孩努力的过程。如男孩在绘画时的专注神情、玩玩具时的丰富想象、游戏中的相互协作、表演时的乐观真诚等无一不是值得父母欣赏的。如父母非要给好孩子和坏孩子设定界限，就很可能看不到孩子的闪光之处。尽管有些男孩的行为会给父母带来无穷的麻烦，但他们通常是为体验过程而去做某些事情的，这也正是男孩们的可爱之处。

男孩学习偏科怎么办

男孩偏科似乎没有什么智能和德行上的大问题，但是却有很大的杀伤力，使男孩无可奈何地输在水平线上。

随着年龄的增长，男孩的自主性和自我意识逐渐凸显出来，他们渴望能按照自己的想法去学习、了解这个世界。所以，对于喜欢的课程，他们会表现出较强的求知欲；而对不喜欢的课程，则会表现出较大的反感。他们对部分课程从没兴趣到不喜欢，再到反感……最终成为知识上的“跛脚者”。

偏科有能力结构的问题，但更主要的是被心理因素所困挠。一开始，男孩出于本能对熟悉的知识是感兴趣的，而疏远那些不怎么喜欢的知识，但是到了考试时这种疏远导致的严重后果却凸现出来了，成绩显然会比较差。于是父母就会来检查、指责甚至辱骂，男孩便会产生讨厌、生气或者自责的情绪。这样的事情发生多了，男孩就对不喜欢、没有感觉的课程产生了心理阻抗。

男孩会抵触这些课程，父母和老师会因此而批评自己，自己也找不到好感觉，心理上也因为焦虑产生负面的暗示：自己是学不好这门课了。或者，自己对父母和某任课老师不满，以此作为对抗的手段；或者，自己希望以此作为引起师长关注的事件，因为自己感到很寂寞。

鼓励男孩对不平衡的能力结构“扬长不避短”，保持优势并集中精力攻克短处。假如男孩难以把短处变成长处，能够做到把特点和优势强化，把弱点上升到一般，也是成长的好谋略。

生活中有个关于木桶原理的故事。一个木桶能装下多少水，关键的不是那块最长的木板，而取决于那块最短的木板。尽管说“术业有专攻”“条条大路通罗马”，有一技之长，也可以努力在社会上生活得很好。但是，就目前的环境来说，没有一个男孩可以只凭擅长的一两门功课，就能在社会中立足。偏科会给自己将来的生存和发展带来很大的障碍。毕竟，天才型的男孩还是少数。

目前男孩的偏科现象经常出现，主要有以下两个方面的原因：

第一，兴趣导致偏科。一个人的兴趣发展与家庭、学校、社会环境的关系密不可分。通常情况下，“体育世家”的男孩喜欢体育，“音乐世家”的男孩偏好音乐等；在学校中，教师的教学艺术及人格魅力也可能使男孩偏科。在现实生活中，有些男孩喜欢数理化，而对语文、历史、地理等学科一筹莫展，这类男孩抽象思维能力较强，而具体形象思维能力较弱，而有些男孩则恰恰相反。

第二，对学科的重视程度不平衡。在中学阶段，一些男孩将中学所学科目分为所谓的“主科”和“副科”，凡升学考试和高考的必考科目为“主科”，其余则统统为“副科”，重视“主科”，轻视甚至忽视“副科”。更为严重的是一些父母还积极支持男孩这种偏科学习。

男孩学习偏科不利于男孩的发展。那么，父母应该怎样帮助男孩纠正学习偏科的问题呢？

（1）要向男孩阐明学习偏科的危害。属于基础教育的中小学阶段，是男孩日后成才坚实的基础。各年级开设的各门学科，都是经过

科学论证和实践检验而设立的，各门学科齐头并进，有利于男孩的全面发展，如果偏科，就犹如修建高楼大厦时缺少支柱，会影响整体成绩的提高和全面进步。未来社会是需要复合型人才的社会，将来每个人的工作都将是综合性的。

完成一项工作、解决一个问题，往往要用到许多领域的知识。培养复合型人才已成为国内外教育界一个公认的目标。要让男孩认识到，即使数理化学习非常好，但如果缺少坚实的语文功底，没有艺术细胞和丰富的想象力，也是不行的。除了具有广博的专业知识以外，还要有相当高的文学修养、艺术修养。

（2）越偏科越要学好，激发男孩对“非优势学科”的兴趣。如果男孩在理科学习方面取得了成绩，而文科不足，此时可鼓励男孩：“你数学学得这么好，语文能不能也学得这么好呢？试试看。”父母可以在平时多陪读，帮助男孩提高对不喜欢的学科的兴趣。比如，男孩在语文学习上可能基础知识非常过硬，却作文水平不高。父母可和男孩分析某一篇课文的写作特点，和男孩一起探讨语文方面的问题。许多男孩都不太喜欢写作文，父母可鼓励男孩写日记，阅读一些名人名家的作品、文学名著、文学报刊等课外资料，这对积累作文素材非常有帮助。对于有一定的写作水平的男孩，可以鼓励他多向报社、杂志社投稿，参加一些写作比赛，就可以逐渐提高男孩学习语文的兴趣。

（3）要有耐心地帮助男孩从偏科实现门门功课优秀。父母要热情地辅导男孩的“非优势学科”，善于发现男孩的点滴进步，并给予肯定和鼓励。这样男孩就会对该学科逐渐地产生浓厚的兴趣，自信心也会增强。长期坚持下去，男孩就不为偏科的问题而愁眉紧缩。

（4）男孩偏科，千万不能矫枉过正。在抓男孩其他基础课的学习时，不仅不应限制他们对所擅长科目的学习，还应帮助他充分发挥自己的优势。俗话说，不怕千门会，就怕一门灵，说得就是这个意思。

激发男孩的学习动机

男孩是否积极学习，为什么学习，乐意学什么，学得怎么样，都跟他的学习动机直接相关。有了动机，学习也就有了动力。学习动机强烈，在任何环境下都能够集中精力学习。动机和学习二者的关系密不可分，相辅相成，学习能产生动机，动机又能促进学习。如果男孩的学习动机不明确，他就容易产生厌学情绪，认为学习又苦又累；而如果怀着明确的动机去学习，学习就不是一件苦差事，而是一件快乐轻松的事。

心理学家认为，一个人的学习成绩主要受智力、动机和勤奋三方面因素的影响。用公式表示，即：学习成绩=智力+动机+勤奋。其中，动机对学习成绩起着决定性的影响。那么，动机是如何影响学习成绩的呢?

（1）学习动机引发学习行为。众所周知，求知欲望是学习活动的源泉和动力。但是当求知欲没有被激发时，男孩就不会有想学习的想法，只有当求知的欲望被激活，形成学习动机时，男孩才会主动学习。这就像一个饥饿的动物，虽有补充食物的需要，但是如果它本身没有觅食的动机，仍不会有觅食的行为。

（2）学习动机可以调节学习强度。动机对学习强度的调节表现在三个方面：第一，学习动机越强烈，学习强度越大，学习热情也就越高、积极性强，干劲十足。反之，学习强度就小，学习情绪低落，甚至厌学弃学。第二，学习目标一经确定，学习动机便成为学习行为的支配力量。只要目标坚持如一，学习动机始终都与学习行为保持同步顺利进行。第三，当男孩失去了学习目标，变得不想学习时，其学习动机也随着消失，这时也就不会表现出学习行为。

（3）学习动机指引学习活动朝着一定方向进行。学习动机不仅引发学习行为，还对学习行为的方向有着指引作用。比如，男孩从小就渴望当作家、当科学家，那他的学习活动就会围绕着这一方向进

行。等他长大后，从小学上到中学，再到大学毕业，他的主要学习活动也基本上以阅读大量中外著作，研究写作方法与技巧为主；当别人看电影、电视时，他却在奋笔疾书，构思谋篇，埋头书案等。总之，他的一切学习活动都沿着作家之路进行，因为这是他的学习动机。

学习行为对学习动机也有反作用。美国心理学家奥苏伯尔说："动机与学习的关系是典型的相辅相成的关系，绝非一种单向性的关系。"就是说持续的学习可以强化动机，即学习效果的好坏与学习动机有关。比如，孩子上初中就立志当作家，如果在学习过程中，不断地发表文章作品，而且深受读者的欢迎和好评，那么他对作家之路的信心和决心就会进一步增强，甚至笃定不移。反之，如果屡遭退稿，那么他可能就会动摇自己的目标，学习动机也会越来越弱。

所以说，强烈的学习动机来自于对目标的指引和正确的自我认知，同时，父母还根据男孩学习情况的反馈来刺激他的学习动机，让男孩保持一定的学习强度，激发上进心和自信心，这样男孩就会越来越爱上学习。

（4）快乐学习到的东西记得比较牢固。有位心理学者做了一项"学习达成度"的测验，分两组进行：一组是学习的时候，安排一些游戏，让学习者快乐地学习；另一组是填鸭式的学习。学习完毕，测验的结果，两组并没有什么差别。但经过一个礼拜后再测验，快乐学习的那一组成绩要优越很多。这是因为人的大脑有"尽早忘掉会联想到不愉快的事情"的防卫作用产生的结果。很多父母只是强迫男孩"坐在书桌前面就行"，却不去关心孩子是否在认真学习，虽然人坐在书桌前，心思却早已飞到其他地方了，这样仍旧学不好。

把学习和快乐结合起来，善于给男孩制造一个轻松的气氛。比如每天早晨充满活力地起床，用手推开窗户，深深地呼吸一口新鲜空气，让身体沐浴在朝阳中，他的愉快情绪会从心里升起。俗话说"一日之计在于晨"，当他将学习看作是一件真正使自己愉快的事，带着这样的心情去学习的时候，他的一天就有了一个良好的开端。而良好

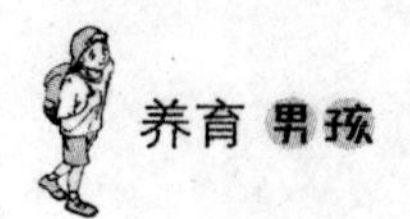

的开端就是成功的一半，就是处在学习的一种最佳状态，学习使他感到轻松愉快，那么他的学习动机就会被激活，使他在这整天里都能保持积极的状态。

告诉孩子：在玩中学

男孩贪玩是绝大多数父母最头疼的事情。贪玩不仅影响男孩学习，同时还会使男孩染上撒谎、旷课等坏毛病，甚至走上犯罪的道路。

相信许多父母都为自家贪玩的男孩伤过神：他们整天贪玩，对学习毫无兴趣，不能自觉学习，即使是在有监督的情况下，也总是心不在焉、左顾右盼。如果男孩玩得过分，玩得沉迷，这就有害而无益了。

但是采取非打即骂的方式让男孩少玩和不玩，都是不可取的。记住：玩是孩子的天性，每个男孩都是贪玩的。父母也需要正确认识贪玩这种行为，有时候，贪玩并不是不听话，而恰恰是男孩与众不同的个性或者创造力的表现。所以，要想培养男孩杰出的创造力，应该注意以下几点：

（1）不要再想尽办法不让男孩玩。有的父母为了杜绝男孩看电视、玩电脑，想了各种各样的办法和对策，不是藏键盘，就是拔电源板，但办法想尽了，似乎也不能把问题解决好。

说到底，问题不在于让不让男孩玩上，而在于如何让男孩玩，解决玩和学习的矛盾。

达尔文喜欢动植物，最后玩出了《物种起源》；爱迪生喜欢玩孵小鸡，结果玩出了一个又一个发明。当然不是所有的玩都能玩出名堂，即便如此，玩至少能让男孩得到愉悦的感觉，调整情绪。只不过是有的男孩玩得过于沉迷，很多父母朋友更是“闻玩色变”。但谁都

知道，玩是根本不可能被限制和禁止的。玩是人类生活的组成部分，对于男孩来说，玩不仅是生活的需要，也应该是被允许享有的权利。

（2）把玩的快乐贯穿到学习当中。首先要认识到，男孩子喜欢玩是再正常不过的事情了，只是父母应该如何引导的问题。男孩玩游戏的劲头总是让人感叹不已。而且现代教育方法也注重寓教于乐，让孩子在快乐中学习和成长。

在生活中，处处体现着人类的智慧，所以一些益智类游戏，如象棋、围棋、电脑游戏等，始终是男孩们最爱。益智游戏不但给男孩带来很大的乐趣，还有益于健脑益智，是有益健康的游戏。

父母就要善于帮助男孩把学习、观察、记忆当作一个非常有趣味的事情来做，在玩中学，使学习变得快乐。运用游戏的各种法则来引导男孩学习，是一件需要父母动脑筋的事情。

（3）让玩和学习统一起来。玩和学习不光是对立的，其实完全是可以统一的，光会学习是不能成长的，玩可以使男孩眼界开阔，使男孩学会交流、协作，使男孩的思维能力得到训练发展。

父母就应该帮助男孩协调好学习与玩的关系。如果在玩的方面，错误地安排，把玩当成是工具，粗暴地阻断玩和学习的关系是最大的弊端。

有人在闲的时候把看字典当作休闲和娱乐，有人在脑子累的时候会把洗衣服当作放松。玩是正常学习生活的积极补充，玩不好，学习也不会好。但是有些男孩不能控制自己，玩得过度就是不合适的玩，对学习就会有不良的影响。其实对玩的认识和感觉本应该是严肃的，聪明的人有聪明的玩法，而不是瞎玩、乱玩、任性地玩。

父母不要再整天大呼小叫地禁止男孩做游戏，聪明孩子都是玩出来的，男孩的创造力也多源于平时的游戏，为了男孩美好的明天，还是放开手让男孩去玩吧，只要不太过分就可以了。

让男孩自己支配课余时间

很多父母怕男孩输在起跑线上，总是把男孩的时间安排得满满的。随着男孩年龄的增长，男孩对许多事情都已经有了自己的打算和想法，应该给他一点儿属于他自己的时间。

对于父母满满的学习安排，男孩或抱怨，或沉默，在父母觉得平静或很正常的表象下，其实已积蓄了男孩的叛逆心理。课余时间任由父母支配，剥夺了男孩的自主支配权，实际是对男孩的不尊重。教男孩如何尊重别人，而身为父母却对男孩不给予尊重，父母这样的言行不一，如何有利于男孩的身心健康？父母最好不要干涉男孩的正当活动，这是父母和男孩在权利和义务方面互相尊重的体现。

不过，自主并非意味着毫无目的、随心所欲、无拘无束。自主支配课余时间指的是男孩在课余时间里能够自己确定活动目标、制订活动计划，在活动中对自己的行为做自我监控、自我调节、自我评价。给男孩点儿时间，让男孩自己做主，好处是显而易见的。

创造力是一个民族兴旺发达的不竭动力。男孩是国家未来的建设者，青少年时期是培养创造力的关键时期，而创造力的培养必须有一个较为宽松的环境。如果父母和老师课内课外都把男孩盯死，事事时时都为男孩制订各种严密的计划，男孩一旦有不同声音就给一闷棍，这样的教育环境怎能造就一代新人？

男孩如果长期习惯听命于教师和父母的安排，不学习安排自己的时间，将按部就班，畏首畏尾，缺乏自主意识、独立思考能力和创新精神。

伟大的生物学家达尔文，小时候放了学就奔向大自然，观察鸟兽美丽的羽毛，聆听昆虫动听的歌声，思考动物种类之间的关系。成年后他根据自己的发现，大胆地提出进化论，否定了特创论、目的论和物种不变论，开辟了生物学和人类学的新纪元。

男孩能否对自己的行为进行自我计划、自我监控是判别真自主与

伪自主的重要依据。现今中国的男孩特别是城市的学生，大部分出生在优裕的环境中，再加上父母们的高期望，一些男孩出生后，就被纳入了一整套的“精英教育计划”中，课内被“满堂灌”折磨个半死不活，课后还要参加父母安排的名目繁多的奥赛班、钢琴班、舞蹈班、书画班……他们没有自己的主见，似乎是为他人而活，从不考虑给自己做个计划，养成依赖的坏习惯，失去了独立的生活能力，有的碰到一点儿挫折就想到轻生。

如果父母还给男孩自主支配课余时间的权利，给他们锻炼自立自强的机会，可让他们日后能更快适应新的生活，接受各种各样的挑战，把命运牢牢掌握在自己手中。这其实是对男孩负责，是对人的生命的尊重，是人性的回归。

男孩在课余时间里按兴趣选择活动，获得轻松与愉悦，再以良好的状态回到学习中去，能得到最好的效果。况且娱乐并不等于玩物丧志，娱乐可以是阅读，可以是游戏，可以是打球、练乐器，这些都能促进学生身心健康地成长。在课余时间里，男孩可以根据自己的兴趣与爱好选择娱乐、学习、休息等自己需要的活动，这是减轻其学习负担的好方法。

让男孩自主支配课余时间，是对人内在本质特征的尊重。由父母支配男孩课余时间的恶果也许短时内还难表现出来，真正的危机发生在他们成人之后。当不再有人要求他们做什么时，当他们真正需要主宰自己的行动时，他们开始手足无措，显然，他们已养成了依赖别人的习惯，已缺乏自己做事的欲望、勇气与能力了。这是为男孩定下小时候看父母和老师眼色办事，长大后看领导脸色办事的规则，如此无主见的人生，就像雄鹰被拔掉了羽毛，又何谈高飞呢？

爱因斯坦说，“人的差异产生在业余时间”。达尔文说，“我从来不认为半小时是我微不足道的很小的一段时间”。从这两位大科学家的话里，就可以看出他们是多么重视时间、珍惜时间，同时他们也都是运用时间的能手。作为父母，应该重视培养男孩安排时间、运用

时间的能力。

所以，请父母把属于男孩的时间还给他们，让他们自己做主，这样才有利于男孩创造力的培养。

正面管教：蔡笑晚的自学经验总结

在中国，有这样一位传奇的父亲蔡笑晚，他培养的6个子女中有5位被包括哈佛大学、康奈尔大学等在内的美国知名大学录取为博士生。他用自己的教子方法写成《我的事业是父亲》这本书，受到许多人的赞誉。蔡爸爸在书中详细介绍了他的自学经验，这里引用如下：

我的一位德高望重的老师曾语重心长地说过：教书无非教人如何读书，给你们讲多少内容是无关紧要的。如果你懂得了如何读书，那么你就不在乎老师教多少。大学毕业也不过是学会读书的方法而已，真正的学问是靠你自己去学习的。

因为我有自己的自学经历做底，所以在培养孩子们自学方面就比较胸有成竹，在具体操作上，有如下几点经验：

一、家长或老师必须有能力判断孩子是否具备超前学习的能力或 潜力。判断的标准有三点：第一是以前的基础是否扎实，如果连以前的基础都不扎实，何来能力去自学后面的课程？第二是对新事物的兴趣，一般对新事物不感兴趣的孩子，不大可能自觉地进行超前学习，只有那些对新事物有强烈兴趣的人才具备强大的自学潜力。第三是对目标有强烈的追求欲望，这种孩子具备超前学习的强大精神动力，这种动力会转变为一种实际的物质力量，这是我亲身经历的切实体会。

二、自学能力必须从小开始培养，以循序渐进的方式进行。生活中让孩子自己独立解决各种问题，读书方面让孩子自己把以前不懂的地方弄懂，养成预习功课的习惯，这是培养孩子自 学能力的三个关键。

三、发现孩子自学潜力不错的时候，要尽快地制定一个阶段性总体目标，让孩子有一个追求的方向，这会使孩子产生强烈的兴趣和动力。另外，要把总体目标分成一个个切实可行的小 目标，制成详细时间表，让孩子一步步完成，让他在过程中 尝到成功的喜悦，并从自己的胜利成果中取得进一步学习的 动力。

四、首先选择自己认为最有优势的课程开始自学，因为有优势的课程学起来有兴趣，而兴趣又会使自学的劲头更大、效果更好。学好这一科之后，你就能以这一科的经验推广到其他的科目上，千万别在基础差的课程上开头。

不仅自学和超前学习如此，即使正常学习也是如此，这叫作“优势发挥法”。但现在的学生和家长都喜欢“劣势补救法”，总是想办法把最差的课程进行补救，专门请老师辅导，这样补来补去还是补不好。而且由于时间分配不当，把原来的较好的课程也拖下去了，甚至把学习兴趣也消磨殆尽，弄得不可救助药。永远不要忘记在教育和学习的领域里，人们对有兴趣的东西会学得更好、更快。

五、自学一门课程时，第一遍要尽量抓紧时间一口气从头至尾学完，这叫初读，不必多做习题，只做一些课后练习。初读的 目的是获得该课程的整体形象。掌握整体形象之后，第二遍 学时就能以整体来理解局部，并能分出重点和非重点，理解 得也就会比较深透；第二遍读时要多做习题，以巩固所学的知识；第三遍读时再以局部回到整体，使知识系统化，有一 个全面的认识。看任何书都要先认真地看目录、序言和内容 介绍，使自己心中有数，并确定学习计划。

六、在自学过程中遇到什么重大的难关或比较枯燥的基础部分不要怕，能啃多少就啃多少，不能啃的就先搁置下来，把那些内容当成公理接受下来、背下来，大胆地向下冲刺，等学完了下面的东西之后再回头来解决它，可能就很容易了。华罗庚早就说过，数学上有些问题如果停留在原有基础上是很难弄清楚的，但是等学习了下一步之后，再解决前面的问题就很简单了。其实其他学科又何尝不是这样。

关键是不要被困难所吓倒，不要半途而废，不要碰到什么问题只会去问而要尽量自己钻研、自己解决。

七、在一个阶段性目标范围内，不必追求100%完全弄懂，能够真懂85%就很不错了。否则会大大地影响自学的速度，而且对总体来说也不会有好处。这里最重要的技巧是分清主次，把主要的彻底弄懂，把次要的暂时放开。要知道，懂85%和一知半解是绝对不同的两码事，学习上的大忌是一知半解。

八、就技巧而言，自学必须做笔记。先把书上的重要内容画上红线，然后把画好红线的部分记在笔记本上，因为光看书是很难记住的，动笔对加强记忆有很大的好处。另外，在做笔记的过程中，由于对所学的内容进行了整理，因此会加深理解。在复习的时候再把笔记本上的重要内容画上红线，把那些尚未熟练的内容精要记在笔记本上。最后再把小笔记本上记不住的内容要点抄在小纸片上。把这张小纸片放在口袋里经常拿出来看看，这样很快就能把的有的内容记住了。另外，把一些不懂的东西记在专门的本子上，等学习了这方面的内容后，随时翻开来，看看有哪些不懂的东西可以再次解决掉，并做上记号。

做笔记是读书绝对重要的技巧，很厚的一本书，做好笔记之后就一下子变成了一本薄薄的书，复习起来很方便，学习后面的课程时查阅起来也很方便，应对考试更方便。所以读书有没有读好，就看孩子笔记有没有做好，家长监督起来也很方便。

九、自学过程中做习题不在于多，在于精。一个题目要彻底弄清楚，解题必须从一开始就学会规范化，一步一步要清清楚楚，切忌草草书写，认为已经懂了就可以了。另外，要尽量做一题多解，把所学的内容融会贯通。

自学在本质上是培养思考能力，开始时并不在乎很快地学很多知识，重要的是学会如何自学，等到自学能力提高之后，自学的速度自然会跟上来。

十、找一位气概恢宏的人为导师，导师的作用并不在于由他来给你上课，也不在于由他来指导你解难题，而是在于他指导你如何学习，帮助你区分什么是该深入钻研的、什么是可以暂时放过的，什么是 重要的、什么是次要的。

之所以要找气概恢宏的人，是因为这样的人可以激发孩子的斗志，使孩子常保持良好的心态。只有这种人才懂得奇迹会有人们没有想到或不敢想的地方发生，而不会总是用常规来限制孩子思维的发展。所谓名师出高徒的道理就在这里。高徒从名师那里得到的其实不只是知识和学问，最重要的是出奇制胜的思维方式和所向无敌的气魄。千万不能请一个两脚书橱当辅导，这种人虽然有很多知识和学问，却缺乏足够的气概胆略，经常会用常规思维方式来扼杀孩子的智慧火花，最终会影响孩子的上进。家长本人如果具备条件，自己亲自担任辅导是最理想的人选。

十一、最好有个伴，可以互相比较、相互促进。在比较中可以发现自己的成绩，产生更火的劲头。在比 较中也可以发现自己的不足之处，可以及时纠正。但是，这个伴必须是认真学习而且是有志气的人。这样的两个人在一起可以产生叠加效应，激发出更大的积极性，对自学非常有利。

以上几点关于自学的经验，同样适用于一般的正常学习。有能力的家长应及早培养孩子的自学能力，使孩子在以后各种层次的竞争中立于不败之地。这是我教子成才的最重要的经验之一。

——节选自电子工业出版社《我的事业是父亲》，蔡笑晚著，2013年1月第1版，P049-052，略有改动

第八章

多些夸奖，对男孩实施“大拇指教育”

英国著名的哲学家和教育思想家约翰·洛克早在300年前就提出：“打骂式的管教，所养成的只会是‘奴隶式’的孩子。”无论男孩多么顽皮，父母都应该经常夸奖男孩。父母如何夸奖男孩是一门学问，学会正确夸奖男孩，才能让夸奖起到应有的效果。

孩子需要大人的赏识

教育家陶行知先生在半个世纪之前深刻指出：教育孩子的全部秘密在于相信孩子和解放孩子。

相信孩子，解放孩子，首先要赏识孩子。没有赏识就没有教育。

现在许多家长教育孩子的心理有些错位，不是用赏识的目光去看待孩子的优点，而是用挑剔的眼光找孩子的毛病。最可怕的是用别人家孩子的长处，去比较自己的孩子的短处，越比较越觉得自己的孩子不如别人家的孩子。

你的孩子就是你的孩子，没必要总去和别人家的孩子比，只要你的孩子今天比昨天有进步，你就应该祝贺他，这就是父母对自己孩子的赏识。

盲目的比较，会产生许多不良后果，使你的孩子失去自信。孩子会错误地认为，他的“灾难”是他的伙伴带来的，他不但不会产生向伙伴学习的愿望，反而结下仇恨，在他今后的生活中，将拒绝向别人学习。

1.孩子心中的父母形象

几年前，上海“母亲素质大调查”调研活动曾遇到这样的情况：一边是母亲盼子成才的沉甸甸的爱，一边却是孩子对这份母爱的排斥和抗拒。

这个以近千名学生为对象的调查，结果令母亲们大吃一惊。认为母亲缺乏魅力、语言粗俗、思想平庸的占31.5%；认为母亲要加强学习、提高自身修养的占75.8%；希望母亲改变教育方式，和他们多交朋友的占80.2%；要求母亲尊重个人爱好，给予独立成长空间的占80.2%；而另一方面，仅有3.7%的学生能接受母亲现行的教育方式，认为母亲能令自己敬佩、仰慕的仅占接受调查者总数的7%。

从调查中可以看出，孩子们心目中理想的母亲形象，远远超过传统的“慈母形象”。他们理想的“现代母亲”可以概括为五个一点：懂一点电脑，化一点淡妆，少一点说教，露出一点微笑，多给一点空间，有气质，爱学习，像个朋友一样。

孩子们的要求并不过分。时代在变，孩子在变，孩子衡量父母的尺子也在变。

2.肯定孩子的成绩

责骂，在父母看来是平常的小事，但是对于孩子来说，父母责骂不休，便是自己的“世界末日”。孩子的成长需要肯定，肯定是孩子生命中的阳光。

许多父母总是认为，严格要求就要靠责骂，只有这样，孩子才能进步，其实不然。两位心理学家曾经作过一次心理测验：把孩子分成A、B两个组，分别让他们回答同样的问题。过了三天，再度去那所学校，告诉A组的同学说：“你们上次成绩很差！怎么行呢？这次必须反败为胜才行！”

结果，原本成绩相当的两组，得到肯定和夸奖的一组，第二次测试成绩很好；受到责怪后再考的那一组，成绩很不理想。

有的父母虽然明白了“责骂孩子不好，肯定和夸奖才会使孩子变得更好”的道理，可是自己却做不到。眼看孩子不用功学习，甚至捣乱，不骂他反而夸他，这的确很难做到，此刻最重要的是，必须充分地理解孩子，相信孩子。

3.别对孩子说“你不行”

有的孩子常常说“我不行”。这种意识有两个来源：一是源于自我，叫做自我意识；二是源于他人，叫做外来意识。有些家长总觉得自己的孩子不行。一位男生说：“我想学游泳，我妈妈说，你不行，你从小体弱，下水会淹着的！我想学炒菜，我妈妈又说，你不行，会烫着手的！我想学骑车，我妈妈说，你不行，会摔着的……不行，不行，我什么时候才能行？”

这位妈妈看上去是十分爱护孩子，实际上是在害孩子。要是老对孩子说“你不行”，慢慢地，孩子就会觉得自己真的什么都不行了。

“我不行”在孩子的头脑中一旦扎下了根，孩子就会变得对做任何事都没有信心，会觉得离开了父母和老师寸步难行。所以，首先只有父母相信孩子能行，孩子才能觉得自己“我能行”。

在学校，孩子会参加各种比赛，之前家长要鼓励他：“爸爸妈妈相信你一定能行！”如果孩子输了，哪怕是最后一名，家长也要鼓励他说：“敢去参加比赛就是好样的！”让孩子赢得起，也输得起，帮助孩子提高承受挫折的能力。

一个人的潜能是相当大的。美国一位数学家认为：人的大脑神经元总数在100亿—140亿之间，因此人一生中大脑可记忆的信息量，相当于世界上最大的图书馆——美国国会图书馆藏书容量的3—4倍，而这家图书馆的藏书是2 000万册。所以，孩子的学习成绩一时上不去，我们做爸爸妈妈原不必太急躁，要耐心启发，只要你相信孩子能行，他就一定能行。

发现和放大男孩的优点

父母应该善于发现男孩的优点，给男孩多一份自信，充分发挥其正面、有效的教育作用。面对男孩，父母如能用放大镜发现和看待他的优点、闪光点，并真心地赞扬他，那么当男孩有了不良行为时，父母积极地引导并帮助男孩改正，可以使男孩重拾自信，迈向成功。面对“坏”男孩，更需要竭力去寻找他的闪光点，哪怕是沙里淘金，哪怕那些闪光点微不足道，父母都需要出自真心地去赞扬、鼓励和引导他。

小龙是个聪明且调皮的男孩，经常惹是生非，麻烦不断，让大人们感到头疼。

这一天，妈妈下班回家，刚一进门就听到小龙的爸爸正在生气地指责小龙：“书桌没收拾好就跑出去玩！说你多少次了，你怎么老是爱摆个烂摊子啊？”

爸爸越说越生气，把小龙所有的毛病全都指出来，任性、脾气倔、贪吃、懒惰等。小龙两手使劲儿捂住耳朵，一声不吭。

小龙站在一边，一脸的满不在乎，不服气地嘟着嘴。妈妈见状赶紧过来缓和僵局，温和地说道：“小龙身上是存在缺点，再说他这么大了能分清对错是非，他自己也知道自己做得不对。但是他也有优点的啊！小龙爱劳动，喜欢主动帮助朋友。做事情很认真，学本领最快，头脑很聪明呢。”

小龙本来以为妈妈也会批评自己，谁知被妈妈这么一说，竟然有些不好意思了。

从此之后，小龙果然改掉了很多“坏毛病”。

对待任何一个男孩，往往是表扬越多，优点越多，相反，训斥越多，毛病越多。

美国成功学励志专家拿破仑·希尔曾经说过：“每个孩子都有许多优点，而父母却反而总是盯着孩子的缺点，认为只有管好孩子的缺点，才能让孩子更好地成长。其实，这样做就像蹩脚的工匠，是不可能造出完美的瓷器的。”

每一个渐渐长大的男孩，如果享受父母的爱和关怀，他会认为自己是可爱的，会感觉到自己是最幸福的宝贝，会因为自己生命的存在而感到骄傲。假若经常受到父母的斥责、奚落，那他就会觉得犹如被利剪截断双翅的天使，从此萎靡不振。

很多父母也想表扬男孩，但往往觉得找不出其值得表扬的优点，这该怎么办呢？父母不妨按照下面的方法来做做看。

（1）用全面的眼光看待男孩。父母不要只是把目光聚焦在孩子的一个缺点上，如学习不好、喜欢打架、做事不认真、有很多坏习惯等，那只是他身上的一个小瑕疵。除此之外，男孩还有很多的优秀品

质值得去关注，去发现。好性格、讲文明、爱劳动、乐于助人、多才多艺、爱好广泛、心灵手巧、讲究卫生等这些闪光点，足可以成就一个男孩的优秀。父母只要全面客观地评价自己的男孩，就能处处发现他的好，找到值得欣赏的一面。

男孩的优秀也不能仅凭学习这一方面去衡量。有的男孩学习成绩优秀，却生活自理能力差；有的男孩头脑不聪明，却能刻苦勤奋地钻研；有的男孩思维比较活跃，却不爱完成作业；有的男孩学习程度中等，却喜欢帮助同学；有的男孩领导力较强；有的男孩具有表演天赋；有的男孩很尊重师长；有的男孩写字工整，卷面整洁，学习态度认真，等等。每一个男孩都有自己的优点，对男孩的评价不能以偏概全。

（2）多角度去了解分析男孩。对待男孩要因人而异，对待男孩的优点和缺点，也要具体问题具体分析。比如，男孩的一次考试没考好，父母先不要忙着训斥男孩，更应该帮助男孩分析考试失利的原因。也许是考试题出得太难，男孩复习得不全面，知识掌握得不够扎实；也许是粗心大意，马虎地将数字算错，导致整体分数的下滑；还有可能是身体不适，影响了临场发挥；或者是时间不够，答题速度太慢，影响了考试成绩，等等。这样从不同角度、不同因素分析，就会找到问题根源和解决办法。

只有表扬与批评从实际出发，男孩才会从内心里服气。

（3）用发展的眼光看待男孩。不要因为男孩的某个缺点就一棍子把男孩打“死”。随着年龄的增长，男孩会渐渐变得懂事，会学习更多的优点和长处，减少自身的缺点和不足。父母如能细心地观察男孩，就会发现男孩正在不断地进步，完善自己。比如，男孩以前对某个道理不理解，固执任性，现在理解了，懂得了，学会用自己的眼光看问题，变得有主见，有判断力，这就是一种进步。认识问题的能力提高了、分析问题的能力增强了，都说明男孩在成长、成熟。男孩由不谙世事到博才多学，由中等水平到突破飞跃，由自私自利变得热爱

公益，由贪吃懒惰变得勤奋进取，由胆小自卑变得勇敢开朗，等等，都说明男孩在奋进、超越自己。

关键的是，父母要拿男孩的今天与男孩的昨天比较，而不是跟别的男孩比。即便发现一点儿微小的进步，也应及时肯定。那种给男孩定过高的标准要求以及轻视男孩的点滴进步的做法和态度都是不可取的。

（4）夸男孩的优点要讲究科学方法。父母应该注意表扬要适度，既不过分夸大，也不过分贬低；具体地表扬男孩的某个特点要比笼统地夸赞更让男孩接受。表扬要注意时间、场合，根据男孩的个性特点和年龄特点选择适当的表达方式，当众表扬男孩会让男孩更自信。不要频繁地表扬，以免滋长男孩自傲的心理；对缺乏自信、有自卑感的男孩，要通过肯定点滴进步让他更有自信心。表扬的方式也是多种多样的。可以直接口头表扬男孩的进步，也可以用眼神鼓励，或者给孩子写一封表扬信，或以庆贺生日的方式作为奖励，物质鼓励、金钱奖励等，同样也是有效的好方法。

夸奖男孩一定要到位

生活中的每一件小事，每一次随便的闲聊，每一个平常的举止，每一个不经意的眼神——在父母的不知不觉中，都可能对孩子产生重要的影响。

一位来自白宫的著名人士写道：

小时候，有一天妈妈拿出几个苹果分给我们吃。我和弟弟都争着要其中最大的那个红苹果。妈妈把那个苹果举在手中，说：“这个最大的红苹果最好吃，谁都想得到它。很好，现在让我们来进行除草比赛，谁干得最快最好，谁就可以得到它。”于是，兄弟三人比赛除草，结果我赢得了那个最大的红苹果，妈妈还夸奖了我一番。我非常感谢妈妈，她让我明白了只有付出才能收获的道理。

日本的一项研究表明，经常受到家长夸奖和很少受到家长夸奖的男孩，前者成才率比后者高5倍!

许多家长和教师都知道，如果夸奖男孩的表现好，那么男孩下一次就会表现更好。比如，今天夸男孩的手洗得干净，字写得有进步，背课文的速度快，那么第二天他的手会洗得更干净、字写得更好，也更愿意背课文。如果夸男孩听话、讲礼貌，那么以后他会变得更加懂事、讲礼貌。当男孩受到大人的夸奖时，不仅心情愉悦，而且懂得了大人的心思和愿望，从而会以更出色的表现让大人高兴、顺心。所以，夸奖是让男孩听话的最有效的方法。每天不忘夸奖男孩，管教男孩会更轻松如意。

每天夸男孩并不难，难的是夸奖到位并让男孩接受和感到高兴。夸奖到位，父母和男孩都欢喜顺心；夸大其词，男孩就会感到是受了欺骗，起不到激励作用。如果夸错了，那反而会引起不良的后果。男孩会把错的当成对的，即使以后父母想更改过来都很难，因为他心中的是非标准会因父母的错夸而混淆了。因此，父母要时刻关注男孩的每一点细微的进步、每一个小小的闪光点，及时给予夸奖和鼓励，让男孩产生成就感和自豪感。

父母怎样才能夸奖到位呢？希望下面的观点能给父母带来一些启发:

（1）夸奖的内容要具体。对于男孩来说，笼统、模糊的夸奖已经听腻了，如“不错”“你真棒”这样的赞语对他来说“俗不可耐”，父母如果做个有心人，对男孩的优点和进步的具体细节给予肯定，往往会收到意想不到的效果。重点强调一下男孩做得对或表现好的地方，对男孩的夸奖越具体，男孩越觉得是得到了父母的认可和重视，也越容易接受。对男孩给以具体的夸奖，可以让男孩明白哪些是好的行为，越容易找准努力的方向。例如，男孩做完功课后，自己把书包整理整齐。如果妈妈只是说：“今天表现得不错。”这只会让男

孩觉得夸奖不疼不痒，因为男孩可能还不明白自己哪方面表现不错。如果这样说：“你今天自己把书包收拾得这么整齐，非常棒！”就会让男孩非常开心，或许第二天他还会将书桌、床铺、房间整理得更加整洁。一些泛泛的夸奖，如“真聪明”“真棒”能提高男孩的自信心，但如能加上具体的夸奖，则更有说服力。

（2）夸奖的方式要多样。人们都喜欢追求新颖、变化，不喜欢一成不变。所以，夸奖也不能老用一种模式，在表达方式、夸奖方式上，父母巧妙地变换花样，容易唤起男孩更多的注意，起到激励作用；而千篇一律的溢美之词，不会给男孩带来新鲜感。有的父母多年不变地用单一的夸奖方式，男孩司空见惯，不以为然，根本起不到激励作用，甚至会引起男孩的厌烦。

（3）要注重夸奖的过程。夸奖不仅要看结果，还要注重过程。父母应该引导男孩重视努力的过程而不是成功的结果，激励男孩坚持不懈地努力争取，即便失败了，奋斗的经历对男孩来说也是一种财富。例如，男孩想帮助父母做家务，吃完饭后争着刷碗，却不小心把碗打破了，这时父母如果没有理解男孩的心意，不分青红皂白地一顿批评男孩是故意捣乱，男孩本想获得父母的夸奖，却不料换来的是批评，也许就会降低做事的兴趣和积极性。如果父母忽视摔碗的事，而是把注意力转向男孩帮做家务的行为上，用夸奖代替指责，效果会截然不同。可以这样说：“你想帮妈妈做家务，非常好，但要注意小心，厨房路滑！”男孩的心情得以放松，不会因摔碗而纠结，就会更主动地做事，会非常乐意帮父母做家务。同时也养成了谨慎认真的好习惯。因此，即使男孩做得不好，也要夸奖男孩的心意，这样会收到较好的效果。

（4）夸奖要视情况而定。为了培养男孩的一些好习惯，父母一旦发现男孩有进步了，就着力夸奖。慢慢地，男孩就在父母的夸奖声中习以为常。所以，频繁的夸奖并不能让激励作用累积，适当地减少夸奖的次数，延长夸奖的间隔时间，才可以在男孩感到疲惫的时候重

拾信心，振奋精神；也可以在男孩取得了相当大的进步或成绩时，再给予夸奖。只有把握好夸奖的节奏，才能更有效地发挥激励的作用。

记住，对男孩的夸奖并非是多多益善，夸奖也像服药一样，不能随便乱用，它也有使用的禁忌规则。所以，父母对男孩的夸奖一定要适度，一定要掌握好“火候”。

总之，教育男孩，常常就在生活的点点滴滴之中，存在于构成男孩生活环境的方方面面。男孩若生活在批评中，便会学会谴责；若生活在接纳中，便会学会仁爱；若生活在分享中，便会学会慷慨；若生活在夸奖中，便会学会上进；若生活在公平中，便会懂得什么是正义；若生活在诚实中，便会懂得什么是真理。

别一味给男孩贴负面标签

在一次家长会上，幼儿园的老师对一位妈妈说：“你的儿子有多动症，在板凳上连3分钟都坐不住，你最好带他去医院看一看。”回家的路上，儿子问妈妈，老师都说了些什么。妈妈想起老师的话，难过得差点儿流下泪来，因为全班30位小朋友，只有她的儿子表现最差。然而她还是微笑着告诉儿子：“老师表扬你了，说你原来在板凳上坐不了1分钟，现在能坐3分钟了。全班只有你进步最快。”儿子高兴地说：“我明天还能坐好多分钟呢。”果然，这个男孩渐渐地改掉了上课喜欢乱动的毛病。这完全得益于这位妈妈的夸奖。

你参加过孩子的家长会吗？你是怎样参加家长会的？你从家长会回来会和上面的这位妈妈一样，无论他表现出色抑或平平，都能微笑着面对你的孩子吗？

和男孩沟通，要先让男孩感到你很可亲，让他感到父母是关心自己的、爱护自己的，而不是为了训斥才和自己沟通的。亲子沟通的主要原则是先处理情绪，后解决问题。

心理学认为：“人的潜意识只接受有实质性意义的信息。”比如初学开车的人都有过这样的体验，教练越是强调“别碰标杆！”结果车子就会不偏不倚，正撞标杆。这是因为在我们的潜意识里，只记住了“碰标杆”这个信息，而忽视了“别”这个信息。

在家庭教育上，很多家长都灌输给孩子一些负面信息，旨在帮助男孩牢记教训，避免再犯同类的错误，结果却事与愿违。越是叮嘱男孩不该做的事，男孩往往会不由自主地去做。比如，男孩做错了一点儿小事，家长就训斥他丢人、笨蛋、没出息。结果男孩的精神高度紧张，内心胆怯，反而更容易做错事了。有个男孩无意间对妈妈撒了谎，这位妈妈不由分说地将男孩关在门外，还声明“不要他了”。家长这样做也许出发点是想让男孩从此记住，撒谎是不对的，如果再撒谎的话，就要接受这种拒之门外的惩罚。结果，伤心的男孩真的以为妈妈不要他了，竟离家出走了。

所以，父母千万不要给男孩贴上“负标签”。抚养男孩，做好亲子沟通，父母就要改变自己的观念和片面的看法，客观地看待孩子的行为，以使沟通变得非常轻松。因为，有阳光的父母，才会有阳光的男孩。

有位专家经常和孩子的父母说男孩的成长过程中至少需要千百次的肯定，他们的反应大多是很惊讶地“哇”一声，然后问专家“是表扬男孩千百次吗？”专家回答道：你可以一直这样理解，不过肯定男孩比表扬男孩更进一步，它要求家长不管在任何场合都用心体会男孩的感受，关注男孩，认同男孩。

培养成功和幸福的男孩的关键之一，是让男孩有高度的自信心，使其不会因为一时的成败或行为表现而动摇自己的价值观和人生目标。帮助男孩建立起良好的自我形象，让男孩学会自我认知，也是现代教育的责任。教育男孩做一个自律自爱的人，做一个充满自信的人。在男孩的成长过程中，父母无私的爱和赞赏肯定的目光，是男孩成长最好的精神营养。

鼓励男孩多做自我肯定，并不意味着应该让他“滥用”自我肯定。不要鼓励男孩在任何时候、任何情况下都使用自我肯定。自我肯定要把握尺度，讲究分寸，过度的自我肯定不是自信，而是自负的表现。男孩一旦养成了自负自傲的性格，就会成为唯我独尊的小霸王。

在肯定男孩方面，父母应该怎么做?

（1）坚定不移地信任男孩。父母要认可男孩独立自主的能力和独立意志，肯定男孩的天赋和优点，善于发现和挖掘男孩无限的成长潜力。始终坚定不移地信任男孩，认可他、赞赏他、鼓励他，必要时指出他在行为上需要改进的地方，有助于男孩建立积极的自我形象。

（2）帮助男孩正视错误。男孩很可能会因犯错误遭受批评而感到前途渺茫，失去了进取的动力和积极性。此时父母应该告诉他，对待批评的最好办法便是承认错误并改正。当男孩主动承认了错误时，父母可以鼓励男孩说：“承认错误也是需要很大的勇气的，你能做到，所以你做了一件了不起的事。”

（3）鼓励男孩多做自我肯定。孩子的意志总是脆弱和摇摆不定的，对男孩来说，他心中的自我肯定更需要不断强化。强化男孩自我肯定的方法有很多。如父母可让男孩为自己记一本“功劳簿”，让男孩每周花几分钟时间写出自己的“功劳”，并告诉男孩，所谓“功劳”，并不一定非得是了不起的成就，任何小小的进步以及为这种进步所付出的任何小小努力，都可以记下来，用来勉励自己。父母还可以教男孩学会以自我激励的方法不断肯定自己，赞扬自己，当男孩畏惧困难时，父母可以让他为自己鼓劲儿：“来吧，小朋友，你可是一个勇敢的好男孩，再努力一次，相信你一定能够战胜失败！”

总之，每个男孩都有让人值得骄傲的地方，千万不要光看着他的缺点，给他贴满“负标签”，要多肯定男孩，而且要让男孩觉得：父母对他的赞赏完全是诚恳的，而不是应付的、客套的，更不应该是虚伪的、做作的。

随时随地给以高声喝彩

每一位父母都应该赏识自己的孩子，对他的努力给予最热情的支持和鼓励。不要因为孩子的不聪明而气馁，而应该尊重他、鼓励他。

国外的一所小学曾给孩子们做过一次心理实验：将全班学生分成“蓝眼睛组”和“棕眼睛组”两队。然后校长对学生们说：“最近有一项科学报告证实，蓝眼睛的孩子比棕眼睛的孩子头脑更聪明，长大后更容易取得成就。”

大约过了一周，测试结果发现，“棕眼睛组”的学生学习成绩跟原来相比，有了明显的下降，而“蓝眼睛组”的学生学习成绩比以往有了显著的提高。这时，校长又对全班宣布，原来上次是自己弄错了，是棕眼睛的孩子比蓝眼睛的孩子更聪明。很快测试结果发现，“棕眼睛”的学生学习成绩又迅速上升，而“蓝眼睛”的学生学习成绩则逐渐下降。

上面事例说明了心理暗示对一个人的影响。心理暗示可分为“良性暗示”和“负面暗示”。父母多给孩子一些良性暗示，随时随地当男孩的啦啦队员，给予高声喝彩，可以让男孩更加自信，学习更有动力。

用欣赏的眼光看待男孩，随时随地准备为男孩喝彩，是现代父母送给男孩最好的礼物。父母若期望男孩成人、成才、成功，最佳的办法就是：永远做男孩的欣赏者，培养男孩的自信，欣赏男孩的才华。

一帆上幼儿园的时候总比其他的小朋友思维慢半拍，爸爸妈妈曾为此感到非常担心，害怕儿子以后学习会跟不上。后来，一帆上小学了，爸爸妈妈就不断地鼓励他，经常夸奖他“一定能行”“一帆是最棒的”。正当爸爸妈妈为儿子的智商担忧时，一帆却带回了一张100分的试卷。

“你竟然考了100分？”妈妈非常吃惊，简直不敢相信这是一帆的成绩。

“当然，我考了100！”一帆自豪地对妈妈说。

“一帆真厉害，那能告诉妈妈你是怎么考出这么好的成绩的吗？”妈妈问道。

“虽然老师讲课的内容我经常听不太懂，但是我会利用课余时间去问老师。当下课同学们都出去玩的时候，我就拿着不懂的题目让老师再给我讲一遍，这样，慢慢地，我就全懂了！做作业之前，我先把老师讲的课再复习一遍，这样遇到曾经不会做的题，现在也就会做了。这次考试的那些题目都是以前老师给我讲过的，我又经过复习，所以都会做，当然能考100分了。”一帆高兴地对妈妈说。

听了一帆的话，妈妈很为努力学习的儿子感到自豪。是啊，即使孩子比不上别人聪明，但通过勤奋努力，一样不比别人差。

赏识男孩，是父母给孩子最好的奖励。父母可以告诉男孩，成功与失败并不是绝对的，同样聪明和笨拙也没有衡量的标准，只不过在某一方面进行比较时，有的孩子表现得比较突出而已。有时，成功只是比失败多了一点点，只要刻苦努力，就是进步。就像故事中一帆的父母，虽然看到自己的男孩的不足，但没有忘记鼓励和赏识，并为男孩的刻苦努力、积极进取的好学品质而感到由衷的欣慰。

作为父母，应该赏识男孩，对他们的努力给予最热情的支持和鼓励。不要因为自己男孩的不聪明而气馁，而应该尊重男孩、多鼓励男孩。很多情况下，父母应该故意淡忘男孩的聪明与否，而重视男孩的努力，并把这种理念传递给男孩，让他们感觉到只有努力才能获得父母的认可和夸奖。

有个男孩对一个问题一直想不通：为什么他的同桌想考第一名就真的考了第一名，而自己想考第一名却才考了全班第二十一名，回家后他问妈妈：“我是不是比别人笨？我觉得我和他一样听老师的话，一样认真地做作业，可是，为什么我总比他落后？”

妈妈带男孩来到海边的沙滩上。妈妈指着前面对儿子说：“你看那些在海边争食的鸟儿，当海浪打来的时候，小灰雀总能迅速地起

飞，它们拍打两三下翅膀就升入了天空；而海鸥总显得非常笨拙，它们从沙滩飞入天空总需要很长时间，然而，真正能飞越大海横过大洋的还是它们。”

后来，儿子再也不担心自己的名次了，也再没有人追问他小学时成绩排第几名，因为他已经以全校第一名的成绩考入了清华大学。

这位妈妈的回答多么令人佩服：当海浪打来的时候，只有笨拙的海鸥才能真正飞越大海横过大洋。这给男孩的是鼓励和欣赏，而不是迁就和姑息。

有时候，也许男孩的努力没有达到父母的要求，但是其间所付出的努力和收获却是宝贵的。例如一道比较难的数学题，男孩通过冥思苦想，终于想出了解答方法。当他运算的时候，却因为马虎，算错了一个数字，最后导致整个题目的答案算错了。这时，父母首先该怎么做？是训斥男孩算错了，还是表扬男孩找到了解题的方法？许多父母可能会首先想到前者，他们只看到男孩把结果弄错了，而没有看到做事过程中男孩的努力与收获。所以，每当父母觉得男孩错了，想骂他、打他的时候，一定要从另一面去“发现”男孩。

总之，男孩需要父母的鼓励，需要父母的掌声，需要父母为他骄傲，父母的肯定胜过其他一切。男孩的心灵像干涸的小苗，渴望被肯定，渴望得到积极的评价，所以父母要准备好随时随地为男孩喝彩。

正面管教：赞美男孩的技巧

爸爸妈妈们平日里要注意多赞美男孩，当然，赞美也要讲艺术。赞美的艺术性还需要通过一定的技巧来体现，下面的几个方法不妨一试：

1.赞美必须是由衷的

家长有时对男孩兴高采烈送过来的作品连看都不看，就随口说：

"好，好，不错。"这种敷衍式的反应会让男孩感到很扫兴，只会挫伤男孩的自信心，男孩不可能从中得到愉快的体验的。

2.赞美应该是具体的

对男孩的赞美要具体、明了，最好是多鼓励男孩努力的过程，这种有针对性的赞美会让男孩明白什么地方做得好。通过对男孩努力过程的赞美，还可以很自然地将努力的过程与结果联系起来，让他们懂得是努力促成了成功。

3.赞美不能太过泛滥

由于溺爱，有些父母无原则地对男孩的种种行为加以赞美，使得男孩是非不清、骄横跋扈。男孩如果按父母的要求去做了并做得很好，就应该及时赞美。如果做了不对的事情，即使男孩哭闹、要赖皮也千万不要迁就他、说好话，否则，赞美就会失去原有的积极意义。

男孩经过努力做出了成绩或者做完了应当做的事情，都应该得到赞美。但在日常生活中，注意不要重复称赞某件事情，当男孩养成良好的习惯后，就可以适当减少对男孩这一方面的赞美。

4.赞美应是及时的

及时的赞美会让男孩很快获得积极的情感体验，而这种体验能更好地促进男孩下一步的努力。如果男孩做完某件事之后或正在进行中，就给以适当的赞美和鼓励的话，那么男孩做事的完成效果会更好。如果一时忘记了，就应该设法补上去。

父母要掌握一定的技巧，学习赞美的艺术。要想让男孩生活在和谐、温暖、相互信任、相互赞美的氛围中，使男孩养成健康向上的心理，能积极主动地面对生活中的种种问题，从而使男孩的人生旅途充满笑声、掌声，充满着决心和信心，那就要学会做赞美男孩的父母，让你的赞美成为承接男孩昨天的成绩与明天的进步的加油站。赞美其实是一种艺术的体现，父母要想演绎好这门艺术，必须要有一双善于发现的眼睛。

第九章

少些责备，批评男孩讲究方法和策略

父母要尽量少批评男孩，不得不批评的情况下也要讲究批评的艺术。在批评男孩的时候，父母时刻记住一点，自己的批评是为了让男孩知道，做什么样的事会带来什么样的后果，而不是为了伤害他、打击他，否则就会给男孩造成心理阴影。

3种不良语言千万别说

一些儿童教育专家研究的结果表明，家庭中使用最多的不良语言有三种，即否定词、限制词和挑剔词。这三种语言影响了孩子的健康成长。

1.否定词

孩子们在家每天所听到的、妈妈常讲的词语中，由“不”组成的否定词为最多：“不许”“不能”“不可以”……有个孩子在一篇名叫《不许妈妈》的作文中，写了妈妈讲的很多很多“不许”的话：“不许淘气”“不许玩沙子”“不许晚回来”“不许去同学家”“不许看电视”“不许乱花钱”……

这种家庭的子女教育是由一连串的“不许”组成的，家长像警察似的，只说不许孩子干什么，可是，准许干什么，家长又没说。于是孩子只有不断地犯错误，不断地受指责。

2.限制词

“应该”“必须”是许多家长惯用的词。这是表达主观愿望、主观想象的词。家长们强调的只是自己的主观愿望，完全忽视了孩子的客观存在，用一种强硬的态度让孩子进入某种规定的位置，并按他们的设计修剪孩子。其结果，孩子常常陷入不知所措之中，极大地影响了孩子思维的发展。

3.挑剔词

在家庭教育中，挑剔词比激励词的用量多好几倍。许多父母几乎是不停地去发现孩子身上的缺点，并及时拉出来进行施教，以为只有把孩子的缺点说出来才能使孩子获得帮助和改变。基于这样一种教育思想，大多数家长对孩子使用各种挑剔的语言时毫不犹豫、绝不心软。其中最常用的有“太笨”“不成”“太差劲”等。这些消极的

词，完全是一种“负能量”，强化了孩子的弱点，最终是让孩子以否定的态度对待自己，对自己失去信心。

父母的语言，是孩子成长的营养，爱的语言多了，一定结出“爱”的果子；恶的语言多了，便会结出“恶”的种子。

对男孩的过错采取自然惩罚法

男孩因为淘气，经常受到父母的惩罚。父母的惩罚方式主要有体罚、辱骂、斥责和各种形式的鄙视及轻蔑态度。

这些惩罚只是左右男孩行为的一种教育方式，只能给男孩提供一种消极的信息——那样做不对，而没有清楚地告诉男孩怎样做才是对的。

所以说，父母平时采用的惩罚，并不是帮助男孩改正错误的有效途径。

如果男孩经常不断地遭受惩罚，就会渐渐地感觉到迷茫，无所适从，缺乏主见和判断力。他们会在反省和自责中猜测，父母到底要求他们怎么做。实际上，无论父母采用什么样的惩罚方式，主要的目的都是为了使男孩认识到自身的错误，不让他们重蹈覆辙。但结果往往却是男孩并未意识到自己的错误行为会产生怎样的后果，会造成什么样的危害，而是对惩罚充满了畏惧，或者力图讨父母欢心。但是他最终还是不清楚怎样做才是对的。

如果男孩在学校经常受到老师的惩罚，那么他很可能渐渐失去学习兴趣，变得讨厌上学、讨厌老师和同学，最终产生弃学的念头。这对男孩是不利的。每个男孩都有强烈的自尊心，即便受到惩罚之后，也都有一种羞辱感、内疚感，内心会产生焦虑、困惑、恼怒、害怕甚至产生报复的念头。此时如果老师和父母能够给予积极的正面引导，多和男孩沟通，并帮助男孩一起改正错误，那么就会将男孩从不良的

情感中拯救出来。

父母不妨回忆一下自己上班的情形，或许会有所启发。如果你的上司一味对你批评训斥，而不加以指导和鼓励，那么，你要多久才能平复心里的怨恨呢？人们总是喜欢听赞扬和肯定，在表扬中做事会更高效、更积极。如果每天听到的都是责骂、嘲弄，无论大人还是孩子都会感到厌烦，也不可能静下心来工作和学习。

有的父母惩罚男孩完全不顾方式、方法，只顾宣泄自己的愤怒，殊不知自己的气是出了，结果男孩的心灵却受到了伤害。父母打骂男孩，发泄心中的怒气和失望是可以理解的。但是只用打骂来消除心中怨气，并非良策，这说明父母的教育方法是存在问题的。

当然，养育男孩常常是欢乐与忧虑并存、烦恼与幸福共生。现实一点来说，父母如果从不对男孩严厉一些，男孩犯了错误也不管不问，这也是对子女教育不负责任的表现之一。如果要略施惩罚，也要讲究技巧，当然绝对不可打骂。

父母必须认识到惩罚对改变男孩的行为只有有限的作用。男孩确实应该知道父母禁止什么、反对什么，什么事情有危险性，但他们也应清楚地知道，父母鼓励他们做什么，以便努力使自己的行为符合父母的要求和社会的道德准则。

对男孩的过错采取自然惩罚的方法更好。所谓自然惩罚，就是让男孩自己体验他的不良行为所导致的后果。一般来说，实施自然惩罚可以采用两种不同的途径：

（1）让男孩体验他的不良行为所带来的必然后果。如男孩弄坏了家里的电灯，不要急于换上一个新的，而是让男孩体验一下身处漆黑房间的感觉，让他学会珍惜生活用品；如果男孩不吃早餐，你不必劝食，中午饿的时候，也不提供零食，让他体验不吃早餐的滋味。让男孩亲自品尝他的行为带来的苦果比空头说教更有效。所以，男孩打碎了灯泡，与其费尽口舌地给他讲解灯泡的作用，保护灯泡的意义，却不如让他亲身感受晚上没有光亮给人带来的不便；男孩早上不吃

饭，与其苦口婆心地央求，告诉他不吃早餐的危害性，不如让他饿回肚子，使他学会珍视自己的健康。反之，如果男孩打碎了灯泡，你马上换上一个新的，或男孩不吃早餐，怕他饿着，中午之前总是尽可能多地给他提供零食，那样，他就很难改掉坏习惯。

（2）父母的决断合乎逻辑，使男孩从中学习有效方法。这种方式多用于五六岁的男孩。家庭教育中经常会遇到这样一种情形：让男孩看一会儿书，但是他不是学习而是在书上乱涂乱画。此时家长可以不动声色地把书从他手中拿过来，等一会儿，如果他央求看书的时候，再还给他。如果他拿到书后还是不好好看，再从他手中把书拿回，如果男孩想得到书，他自然会专心地看书并且好好地保护。

男孩拿着蛋糕不吃，却把蛋糕弄碎、弄脏，这时父母可以马上从他的手中夺回蛋糕；男孩拿着玩具不玩，反而到处乱摔，父母也可以毫不客气地夺回玩具。同时家长可以告诉男孩，为什么不让他吃蛋糕或玩玩具，当男孩意识到自己的行为不对的时候，他以后就不会浪费食物、弄坏玩具了。

实践证明，自然惩罚能够帮助男孩学到更多。当男孩受到自然“惩罚”后，会不知不觉地从中领悟出一些道理，比如明白了对和错，懂得了怎样表现让大人高兴，怎样表现让大人生气等。自然惩罚与平常的惩罚不同。自然惩罚是以教育为目的的一种特殊的教育手段。

怎样管教“明知故犯”的男孩

父母打骂男孩的一个重要原因就是男孩经常明知故犯。当父母明确地告诉男孩不要做这种事后，男孩经常是采取一副“我偏偏要做”的态度。这种行为最使父母十分恼火、费解，不懂男孩为什么要这样做。

男孩之所以会明知故犯，主要有四种原因：一是渴望引起父母的注意；二是任性；三是用明知故犯的方法满足“报复”心理；四是放弃努力。

也就是说，男孩明知故犯，是为了想获得或放弃一种归属感，或因未得到满足而发泄不满。比如，父母提醒男孩做功课，男孩明明答应却不做功课，这种做法可能是为了得到父母的注意，也可能是任性的表现，向父母示意“我的功课我做主”。

父母只有弄清楚和掌握男孩明知故犯的动机，才能对症下药，选择用最恰当、最有效的教育方法。

5岁的明明每天光想着玩，不想洗澡，每次妈妈催促他洗完澡再继续玩，可明明总是答应洗澡，却不肯放下手里的玩具。这让妈妈既着急又拿他没办法，好说歹说让明明乖乖洗澡，结果一转身又不见了人影。妈妈气得满屋子找，后来在一个小角落里看见了明明，他拿着汽车玩具冲着妈妈做鬼脸，就是不肯洗澡。

其实，男孩喜欢明知故犯，大多数只是想和父母较量一下，看看“我明知道那么做不对却偏要去做”，会引起父母什么样的反应。就像故事中的明明，尽管答应洗澡但就是不洗，还拿玩具跟妈妈“示威”，让妈妈无可奈何。那么，生活中怎样解决类似故事中这种母子之间陷入僵局的事呢？

当男孩不肯洗澡时，家长千万不能用粗暴的打骂方式，硬将男孩抱入澡盆中。男孩不洗澡和妈妈僵持不下，可以先放下洗澡这件事，用其他办法转移男孩的注意力。等男孩情绪得到缓和，紧张的心理放松后，再心平气和地跟男孩讲洗澡对健康的益处等道理。当男孩听进去并认识到自己的错处时，就会愿意跟随家长去洗澡。如果男孩开始答应好洗澡，来到洗澡间却改变主意时，家长可以采取冷处理的方法，即放好洗澡水后而不去理他，让他僵等下去，直到男孩觉得无趣。只有让男孩养成按时洗澡的习惯，并且感觉到洗澡是一件快乐的事，他才会主动要求洗澡。在男孩和家长的较量过程中，家长不能妥

协，也不要像大臣屈服皇帝一样地顺从男孩，否则更纵容了男孩明知故犯的坏脾气。他甚至会以此为乐，和父母兜圈子、做游戏。家长先控制好自己的情绪，再想办法扭转男孩的情绪，这是需要技巧的。此外，与男孩交流时，说话语气、引导技巧、面部表情等也都应该注意。

面对明知故犯的男孩，家长要学会及时恰当地“抓紧”和“放手”，既不能纵容，又要仔细观察并给予男孩适当的帮助，从而让男孩变得听话，自愿主动地改正错误。

即使男孩总是明知故犯，也不要训斥和打骂。训斥、打骂男孩毕竟是非理性的活动，对男孩的学习与其他几乎没有一点儿帮助。如要父母把它作为一条有效的法则长期使用，将有害男孩的身心健康，影响男孩活泼、健康地发展。

无休止的唠叨会让男孩厌烦

在生活中，许多父母往往寄予自己的男孩过高的期望，总希望男孩处处听话，事事遂心。所以，一见到男孩就忍不住提醒几句，劝说几句，指点男孩的不足，经常性的重复说教便成了唠叨。唠叨男孩不要丢三落四，指责男孩处处不对，批评男孩犯错太多，抱怨男孩不争气等，这些让男孩不爱听的话很容易激起他的逆反心理。唠叨得多了，男孩就会夺门而出。唠叨往往是跟指责、批评、报怨联系在一起的，有时甚至讽刺挖苦，让男孩感到厌烦、丧失自信、降低积极性和做事的热情。如果是习惯性的喋喋不休，男孩会觉得无所适从，令父母的权威形象大打折扣。

佳桐不知从什么时候开始，爱上了看课外书。放学回家就迫不及待地拿出课外书津津有味地读起来。

妈妈过来了，一看见佳桐手上的课外书，就有些生气地说：“还

看，还看，还不写作业！”佳桐赶紧回答：“看完这篇就写，也就10分钟。”

“10分钟，这可是你说的。”妈妈离开了不到3分钟，又过来了，说：“快看完了吗？不快点儿写作业，又要写到半夜了。”佳桐心里有点儿烦，没有理她，继续看课外书。

佳桐听见妈妈继续在客厅里抱怨：“人家的孩子都是一回家就写作业，这孩子倒好，总是拿着没用的书看，作业写到半夜，时间不够了就胡乱应付，这成绩能好吗？”

佳桐听着越来越烦，妈妈不停地唠叨，课外书是看不下去了，佳桐开始写作业，不到10分钟，就有种写不下去的感觉，满脑子都是妈妈唠叨的话语。

其实孩子说好了10分钟后就开始写作业，妈妈应该相信他，等到10分钟过后如果他还没开始写，再提醒也不迟。放学回家要写作业，这个道理男孩是懂的。如果10分钟之后还没有写，妈妈的提醒会让他感到内疚的，这种内疚感会促使男孩很快改正错误。可是，这位妈妈太心急了，她不停地唠叨使男孩产生了深深的挫败感，终于超过了男孩所能忍受的限度，使男孩的内疚感消失，代之以厌烦和逆反心理。

事实上，不少父母为了减轻男孩沉重的功课压力，都很愿意协助男孩做功课。通常最常见的是坐在男孩的身旁看着男孩学习，一会儿提醒他字要写得端正，一会儿又说那个字写错了。殊不知，这种做法只会招惹男孩反感，使他们坐立不安，无法专心读书。对于精神散漫，无法专注于书本的男孩，再多的唠叨和督促都不能奏效，反而会令情况恶化。

从男孩角度来说，假若唠叨成了每日必奏曲，唠叨就毫无意义；假若挨骂变成家常便饭，久而久之，男孩便会对任何的责骂都感到无动于衷，同时也会因此而丧失了自信心，甚至连说话都表达不清楚，而父母的责骂与劝告也会变得毫无效果。没有耐心的父母，常常会嫌男孩做事不仅慢吞吞，还做不好，由于看不顺眼，便不停地唠叨。唠

唠叨叨地骂男孩，会使男孩不愿意接近父母，父母也会觉得这男孩不可爱。

现实生活中，爱唠叨的父母确实不少，特别是一些妈妈。大多数男孩都不喜欢听父母唠唠叨叨，有的会说父母得了“嘀咕病”，更有的与父母顶撞，闹得大家心里不愉快。爱唠叨的父母要好好想一想，孩子为什么讨厌你们唠叨呢？父母要做出怎样的改变呢？

（1）正确把握男孩的心理状态。一般情况下，男孩的心理状态会不同程度地有所暴露。父母这时就要善于把平时对男孩的了解与男孩在谈话中的外部表现联系起来，细心地观察男孩的神情、言语、注意力和习惯动作的变化等，从而准确地把握住男孩的心理状态。

（2）以行动代替说教。当男孩怠惰、不专心读书，父母说教无效时，父母不妨停止语言的劝诫，改为行动处罚，施以适当的处分，让他反省自己的过失。如果父母看到男孩有悔意，就不要再过多加以指责，受过处分之后，男孩会改进的。父母还是少唠叨为妙，因为唠叨大多时候不是在教育男孩，而是家长在为自己的辛劳找平衡。

（3）对男孩的批评不能超过限度。对待男孩犯的错，只批评一次。切忌抓住孩子的小错误不放，如果想要提醒男孩加深印象和记住教训，可以换个角度，换种说法。这样，男孩就不会因无休止的批评和指责而心生厌烦、逆反情绪。

总之，父母关心男孩的一切都属正常，但如果经常在他们身旁督促，或喋喋不休，将提醒和劝告变成了干扰男孩的情绪，其结果就会适得其反。

避免对男孩进行“言语伤害”

很多父母都有过这样的经历，在男孩不听话、屡教不改，或者不认真读书、完不成作业时，气急了就会骂道：“你一点儿用都没

有！”“你将来也就这样了，怎么养出来你这么个废物！”殊不知父母一时的气话，却对男孩造成终身的伤害，因为它截断了男孩对自己将来的希望和美好的憧憬。一个认为自己没有前途的男孩他将来能好吗?

提起对男孩的伤害事件，人们首先想到的是被人抢劫、勒索、欺负、性侵害以及被父母或教师体罚等。男孩们受到的“软”伤害常常被人忽视，如软性的“言语伤害”。“中国少年儿童平安行动”近年曾公布了一项内容为“你认为最急迫需要解决的校园伤害”的专项调查，结果显示：81.45%的被访小学生认为校园“言语伤害”是最急需解决的问题。

美国一权威机构对1万名0—10岁的男孩进行跟踪调查，最后发现，对幼小心灵伤害最大的是来自父母的“言语伤害”。这种情况在我国也较为普遍。

5岁的轩轩不小心把杯子碰倒在地，妈妈气急败坏地说：“你怎么这么蠢，真是个笨蛋、傻瓜，一点儿用都没有……”

轩轩贪玩，不好好练琴的时候，气得妈妈经常说：“儿子，爸爸妈妈多不容易，挣钱给你买钢琴，还付学费，你一点儿不争气，一点儿都不像其他小孩那么乖、那么聪明。你不好好练琴怎么对得起我们？”

轩轩好好画画的时候，爸爸哄他说：“轩轩乖，好好学画，否则什么也别想得到。”

经常遭受言语中伤的男孩容易形成偏执的性格，甚至长大后出现人格障碍，严重的则心灵扭曲，难以适应社会。所以，为了男孩的健康成长，父母要注意自己的批评方式，要警惕言语不当可能对男孩造成的严重伤害。父母不要认为批评孩子就可以无所顾忌，要知道男孩的心灵比较脆弱和敏感，几句过头话很有可能会伤害到男孩的自尊，口不择言地刺激男孩、讥讽男孩甚至贬低男孩，都会对男孩的心理造成严重伤害。父母应该意识到，伤害孩子的心灵要比打骂体罚更严

重。父母是男孩的第一任老师，也是和男孩最默契的“知己”，所以无论如何，都不要在情感上疏远男孩，用过分的言辞伤害男孩，只有这样才会让亲子间的距离更近，亲情更深。

父母要避免对男孩的“言语伤害”，关键要注意以下几点：

（1）认识到“言语伤害”的严重程度，在思想上高度重视。那些轻易否定男孩的父母，只想在男孩面前树立权威，却忽略了男孩需要的尊重，交流的结果可想而知。引导男孩进行深入思索可以使男孩看到父母的“深度”，从而产生敬佩之情。

（2）言语中不要带有不良情绪。父母要以积极的心态对待男孩。只有父母乐观地对待男孩，男孩才会给父母以乐观的回报。有些父母每一句话中都包含着不良情绪：“他们数学老师很坏”“他爸爸也不管”“当时别听他们班主任的话好了”……感觉事情很糟，处处不顺，而且这都是别人的责任。这种不良的情绪会传染，男孩会在父母的潜移默化中变得消极起来，并形成外归因的思维方式，这对男孩的成长非常不利。

（3）不要说男孩没出息。“没出息！”这句话出自父母口中的频率是相当高的。这句带着强烈贬损意味的话，不知刺伤了多少男孩的心。男孩虽然小，也有自尊心，在男孩的成长道路上，需要来自父母的肯定和赞扬。即使是批评，也应当入情入理，让男孩心服口服，千万不要说男孩没出息。尤其是在“恨铁不成钢”或气急的种种情况下，更要保持理智，控制好情绪，努力做到和风细雨、循循善诱。

（4）避免言语中的消极心理。暗示心理学研究已经证实，长期的不良心理暗示可以导致男孩认知思维层面的偏离，进而引起相应的心理和行为改变。因为男孩对自身状况缺少判断能力，潜意识里很容易认同父母的这些消极说法，父母说得多了，往往会弄假成真。

（5）在男孩失落时支持他。男孩毕竟还很弱小，在他们的人生中会遇到很多难题，父母应该尽可能地帮助和支持他们。每个人都会有失落的时候，每个人都会有失去信心的时候，只有让男孩充满信

心，他们才能在未来的人生中面对一切挑战，才会拥有幸福的人生。每当男孩痛苦和失落时，做父母的不要忘记对他说：“你一定行的，我相信你。”任何人都有成功，也有失败，而且失败往往比成功更多。男孩失败了，父母绝不能说“我就知道你不行”之类的话，而是要多加鼓励，帮助他们从失败中走出来。如用“我相信你可以做得更好”使男孩有更努力的动机，用“没关系，慢慢来，尽力而为”帮助男孩调整焦虑、紧张的情绪，等等。

总之，“良言一句三冬暖，恶语伤人六月寒”，不同的言语带来截然不同的效果。父母若要让男孩变得听话懂事，就要用科学的教育方法，多给男孩一点儿关爱，在说话上多用“良言”，禁用“恶语”，不要伤害孩子的自尊心，不要因为批评不当酿成苦果而得不偿失。所以，父母从现在开始，改变一下自己的批评教育方式吧。

正面管教：这样说话孩子不会听

一个合格的父母不会对孩子说这些话。说了，孩子也不会听：

1.“你怎么那么笨”

父母若常对孩子说“你的脑子不好”，或是“你真笨”，那么对孩子将是一个沉重的打击。他潜在能力的发挥将受到阻碍。

2.“你看看人家的孩子”

人与人之间是不能互相比较的。“你看看××”这样尖刻的话语，只会让孩子觉得自己在父母心目中和其他孩子相比逊色很多。如此一来，他会丧失所有的自信心。一个没有自信心的孩子，将来是很难做出什么样的成绩的！

3.“谁让你撒谎”

在判断孩子是否说了谎时，一定要谨慎，切忌不问青红皂白就对孩子下论断，要给孩子解释的机会。

4.“老毛病还没改”

孩子的有些坏习惯并非出自自己的意愿，多半是在无意识的情况下做出的。如果父母经常责骂他，并常常说“老毛病怎么还没改……”之类的话，反倒无意识地提醒了孩子，加强了孩子的潜意识。

5.“你怎么总这样”

其实，这样的批评对孩子没有起到任何教育作用，而且这句话里含着很大的失望情绪，这样的不良情绪会传递给孩子。久而久之，孩子的坏习惯不但没改，也许还会从心底认为，“我确实总是这样”而放弃改进的努力。

6.“你还敢不敢”

“你还敢不敢”这句话的言下之意是，你再敢这样干，我会揍死你！这是无视孩子的自尊，把家长的威慑力凌驾于孩子的独立人格之上的错误做法。长时间这样滥用家长权力，强迫孩子服从，不但不会有什么效果，反倒会激起孩子的逆反心理。有些孩子甚至会想：我就是要去试试，让你看看我敢不敢。

7.“这么简单都不会，以后还能干吗”

每个孩子都期待大人的表扬，说他们聪明能干。而父母的“你还能干吗”等于就是说：“你什么都不能干。”这句话会让孩子很泄气，认为自己什么都不会，什么都做不了，从而产生放弃努力的念头。

8.“你在等我表扬你吗”

不要吝啬对孩子的表扬，要经常对孩子进行鼓励和适当的表扬，告诉他们“你干得不错！”“你真棒！”要知道，每个人都喜欢听到别人表扬自己的语言，尤其是正在成长中的孩子。当孩子被肯定后，他们就会更加坚定自己的理想。

9.“你这个窝囊废”

不可否认，父母的责备也是出于爱自己的孩子，可是这样的责

备却会使孩子失去自信，很可能从此他就真的成为父母口中的“窝囊废”了。父母有责任向孩子指出他错误的表现，并督促和鼓励他纠正，但千万不可以轻易否定孩子的想法。

10.“不准失败”

听到大人的这种说法，孩子会得到“可能会失败”的暗示，反而更容易失败。而为了避免失败，他可能什么都不敢做。

11.“下不为例，再有下次我非收拾你不可”

不要轻易地对孩子说“下不为例”。这是一句妥协的话语，孩子听到这样的话，不但不会改正自己的错误，反而会变本加厉，无休止地犯错。

12.“你又做错了”

如果孩子反复改正还是做错时，也不要太过着急，或是以埋怨的口吻责骂他。可以和他一起讨论这些问题的根源到底在哪里。适当地安慰孩子：“成绩是次要的，找出问题出现的原因才是最主要的，不要着急，静下心来自己好好思考一下！”

第十章

饮食起居，助男孩有一个强健的身体

越来越多的父母意识到让男孩有一副好身体是何等的重要。世界上没有什么能比拥有一个健康的身体与一种健康的生活更让人感到幸福和满足。然而，健康的心理恰恰是健康生活的保证，并且伴随着男孩一生的成长，是形成世界观和人生观的基础。

坚持带领男孩参加体育锻炼

有些父母整天抱怨男孩免疫力低下，体弱多病，其实这跟锻炼有很大的关系，如果男孩天生不爱运动，打骂是没用的，要想让男孩动起来，需要父母积极引导，甚至参与其中。

锻炼不仅能让男孩身体结实健康，而且还能锻炼男孩的意志。参加运动对任何年龄的男孩都是有益的，无论他们参加的是像曲棍球、足球这样的团队运动，还是像体操、跑步这样的个人运动。在运动中，男孩能学到新的技能，懂得体育精神，增强自信，这些都对他终生有益。所以，父母要有意识地带领男孩锻炼身体。

父母带男孩进行体育锻炼，应该根据男孩的年龄特点，选择适宜的锻炼内容和方法。比如，父母可以带男孩到室外晒太阳、拍皮球、做体操、游泳、跳绳或做体育游戏等，这些都能使男孩得到锻炼。

适当地让男孩晒太阳，对男孩的健康有益。太阳中的红外线具有能使身体发热、促进血液循环、使新陈代谢旺盛、增强人体活力的作用。太阳中的紫外线能够增加维生素D，维生素D可以预防和治疗佝偻病和骨软化。紫外线还有助于增进骨髓造血，防止贫血，杀灭皮肤上的细菌，增强皮肤的抵抗力。所以，父母应该适当地带男孩晒晒太阳、吸收新鲜空气，起到阳光浴、空气浴的锻炼作用。

2个月以后的男孩就可以到室外晒太阳。冬天最佳晒太阳的时间是上午9点到12点，下午3点到5点。夏天晒太阳的时间也适当延长，但要避免正午阳光直射。气温超过32度，可以给男孩戴顶遮阳帽，避免让太阳光直照头部。在天气晴朗、阳光灿烂的天气，父母可以带着男孩在户外散步、做游戏，在阳光下锻炼身体，呼吸清新空气，对男孩的身体健康非常有益。气候适宜，父母可以带男孩去游泳。游泳对男孩的身体是一种全面的锻炼，不仅能使身体变得匀称协调，同时还

可以培养男孩勇敢坚强的意志。

父母带男孩做体操有利于锻炼男孩的肢体灵敏性，增强身体免疫力。一周岁左右的男孩可以由家长拉着上下肢做各种动作。两三岁时，男孩的肢体已经灵活平稳，可以让男孩学做模仿操。例如，父母在前面示范，做出“鸭子走路或游泳”“小鸡啄米”“青蛙跳”等动作，让男孩模仿。在模仿动物表演中，还可以一边做动作一边模仿动物的叫声，这样形体训练和声音训练同时进行，可以锻炼男孩的身体协调能力和大脑思维能力。四五岁的男孩可以教他做手指操，或拿着红花、彩带等舞蹈道具做体操表演。

在带领男孩锻炼身体的过程中，父母要注意下面几点：

（1）先进行初步的运动。发展男孩走、跳、钻、爬、攀登之类的基本动作，使男孩动作协调、灵活、敏捷。如果条件允许的话，用录音机放一些轻音乐，让男孩模仿你伴着音乐做各种连续的练习动作，如伸展，扩胸，腰、臂、腿绕环等。为了发展男孩的柔韧性，可带男孩弯弯腰、踢踢腿、翻翻斤斗等。

（2）强度别太大。男孩的心脏发育还不完善，容积小，心肌纤维细，还不能适应心肌负担过重的运动。因此，宜采取以发展有氧代谢功能为主的运动项目，如强度中等的慢步长跑、球类活动、体操、跳绳、打羽毛球、滑冰以及其他各种游戏等。

（3）掌握运动量。正确掌握强度、时间，会使男孩的健康水平得到较大的提高。父母最好帮助男孩建立锻炼日记。记录每日的锻炼时间、运动项目、进展情况以及男孩的身体反映等，以便做到循序渐进、逐步调整。早晨活动，不要起得过早，锻炼时间也不宜过长，一般半小时就可以了。同时，锻炼后的饮食也应给予额外的补充。

（4）合理安排男孩的生活。男孩处在长身体的时期，需要充足的睡眠。安排男孩的体育活动，一般宜在清晨。清晨空气新鲜，室外活动能使大脑皮层迅速消除睡眠时的抑制状态，又可获取大量的氧气，对一天的学习、生活都有益处。

（5）观察男孩的锻炼反应。从男孩的呼吸、脸色、汗量、声音、动作等情况，掌握男孩的运动效果，以便灵活安排他们的锻炼内容和程序。此外，父母还应鼓励男孩学点儿体育知识，有计划地让男孩看点儿体育表演和体育杂志，培养男孩锻炼的兴趣。节假日还可带男孩出外郊游、登山、跑步，跟大人一起活动，男孩的锻炼兴致会更浓。

锻炼对于男孩的作用巨大，但是多数男孩的自觉性不高、毅力不强，需要父母督促男孩坚持体育锻炼。如果父母不严格要求，就可能出现“三天打鱼，两天晒网”的情况，就达不到锻炼身体、增强体质的目的了。

父母最好带着男孩一起进行锻炼，这是对男孩最好的鼓励。父母不仅要天天与男孩一起锻炼，还应抽出时间定期检查男孩的锻炼情况，并给予及时的鼓励、表扬或批评，使男孩渐渐养成锻炼身体的好习惯。

祛除障碍，让男孩幸福入眠

在紧张和压力下，不少男孩出现睡眠不足、失眠、梦魇、遗尿等现象，还会使磨牙、夜惊加重，从而造成睡眠障碍。面对男孩的睡眠障碍，父母用打骂的手段，强制其入眠是没用的，那样的话只能让事情越来越糟。父母应当尽可能减轻男孩的负担，适当安排休闲时间。这样不仅保障男孩健康的睡眠，也能提高男孩学习的效率。

缺少睡眠或睡眠过多，都会对男孩的智力发育产生不良的影响。而正常的睡眠，则是男孩解除疲劳、恢复体力和脑力所必需的。

在熄灯睡觉前的半小时到一小时内，父母可让男孩做一下入睡前准备，读篇优美文章、听段柔和乐曲，这样可以帮助产生睡意。千万不要让男孩在睡前从事兴奋性活动，如打电子游戏、看恐怖片等。另

外，也不提倡躺在床上看电视。

有些家庭喜欢开灯睡觉，也有些家庭父母喜欢看电视到很晚，让男孩听着电视发出的声音睡觉。但这些声光刺激常会对男孩的睡眠造成干扰，大大影响男孩的睡眠质量，应予以避免。另外，营造舒适的睡眠环境也很重要，过热、过冷、空气差、噪声等都应尽可能消除。

有的男孩喜欢在睡前或深夜进食，这是一种影响睡眠的坏习惯，应加以纠正。夜间不可喝过多的饮料，更不可喝咖啡、茶，养成这些良好习惯才能有益睡眠。

男孩睡眠之前，一定要用温热水洗脚。这能使身体上（脑）下（足）保持协调，从而清心安神，使睡眠安宁。

锻炼能够促进睡眠，每天坚持一定时间的体育运动，可大大帮助增进睡眠质量。但是，不提倡男孩夜间睡前进行体育锻炼，因为这样做会造成夜间兴奋，延迟睡眠。

在男孩出现夜惊或梦游时，千万不可将之唤醒，如果此时将男孩唤醒，反而会加重这类睡眠障碍的发生。不过，父母在小孩出现夜惊或梦游时，可记下具体发作时间，以便在小孩下次发作时提前15分钟叫醒小孩，夜惊或梦游的发生一般是有规律的，这样可逐渐减少夜惊或梦游发生。

一般来说，5—9岁的儿童每天要睡10—11小时，10—13岁儿童要睡9—10小时，14—18岁儿童要睡8小时左右。不过，其中也有个体性差异，不可机械地套用。如果一个男孩虽然没有达到上述的睡眠时间，但白天精力充沛，注意力集中，无嗜睡表现，就不应认为其睡眠不足。

中医很讲究睡眠姿势，强调“卧如弓”，其标准姿势为：身体向右侧卧，屈右腿，左腿伸直；屈右肘，手掌托在头下；左上肢伸直，放在左侧大腿上。中医认为这种姿势能“不损心气”，而睡醒之后要改为仰卧，伸展四肢，即所谓“觉须手足伸舒，睡则不嫌屈缩”，这样可使“精神不散”。

枕头对智力和大脑的保健也很有讲究。由于男孩睡熟之后会辗转滚动，因此枕头要长一些。枕头不宜过高，“高枕无忧”这句话是错误的。因为过高的枕头会使颈项部的肌肉紧张，使通往大脑的血液循环不通畅，第二天会昏昏沉沉，头涨头痛。男孩的枕头，一般以10—15厘米左右的高度为宜，正上幼儿园的男孩的枕头不宜超过10厘米，新生儿则可以不用枕头。

总之，父母处理男孩睡眠障碍时，主要应从男孩的心理调整上考虑，始终让男孩保持心理放松。即使男孩有点儿睡眠障碍，也无须过多担心，随着男孩年龄的增长，这些睡眠障碍会逐渐好转乃至消失。如果男孩到了十四五岁青春期后还出现夜惊，甚至发作相当频繁的话，就一定要去医院就诊，以免导致男孩发生精神障碍。

餐桌教育伤害男孩身心成长

由于工作繁忙，很多父母没有时间管教男孩，于是就会选择在一日三餐的时间段，尤其是晚餐时候教育男孩，这所谓的“餐桌教子”方式在很多家庭中普遍运用。据中国青少年研究中心在全国六大城市2500名中小学生中进行的调查显示，有超过一半的孩子在吃饭时挨过父母的批评。

确实有不少父母习惯于一边吃饭一边教育孩子，并且认为既方便又有效，殊不知，餐桌教育对男孩的身心成长极为不利。在吃饭的时候，父母和孩子同坐在一起，本应该是享受美味的好时机，在饭桌上畅谈轻松的话题，也有利于亲子间的思想交流、倾吐心曲、沟通情感，建立良好的家庭氛围，一家人围坐餐桌共享美餐，是令人心情愉悦的事，对孩子的生活和学习都会有积极的作用。平时工作比较忙的父母难得和孩子共聚用餐，此时应该珍惜每次交流的机会，彼此拉近感情，所以一个温馨和睦的就餐氛围是家庭和谐的重要因素。然而，

有的父母却忽视这一点，专门喜欢在吃饭的时候教训孩子。饭碗一端上桌，孩子一坐上座椅，父母便喋喋不休，孩子的学习成绩不理想，为什么不参加课外活动，跟同学的关系为什么相处不好，和哪个同学打了架，等等，一连串的问题把男孩的嘴堵住了，吃饭的心情也堵住了。面对父母严厉的指责，孩子怎能开心地吃饭呢？或许父母只是无心地唠叨，趁吃饭的机会给孩子提醒，却不知这样的方式让孩子倒了胃口，食欲降低，影响孩子的健康。如果孩子犯了错误，脾气粗暴的父母在吃饭的时候批评和教训孩子，还有可能让矛盾加剧，造成饭桌上打架，不仅孩子不能好好吃饭，也让大人吃不下饭，原本和谐的就餐氛围被破坏了。不仅挫伤了孩子的自尊，还会使孩子对吃饭产生了一种习惯性恐慌，严重扰乱其生理和心理健康。所以，为了全家人的健康，父母不要在餐桌上管教孩子。

《论语·乡党》中说："食不语，寝不言。"从生理角度看，吃饭时专心致志、细嚼慢咽，有助于食物的消化吸收。当然，父母借聚餐之机给孩子加以善意、积极的启发引导也并非不可，比如用和蔼的语气询问孩子的在校情况，讲点儿有益的文化知识和当天新闻等。切不可一味地质问追究、给孩子提要求、下命令，甚至拍桌子、摔碗筷。父母应努力为孩子营造积极健康、乐观向上的餐桌氛围，切忌不分轻重地进行"餐桌教育"。

父母要明白，利用全家在一起吃饭的时间教育孩子、询问功课、检查作业，会造成紧张的气氛，令孩子有饭吃不下、有汤喝不好，最后很可能不仅孩子哭哭啼啼、愁眉苦脸，父母也会气上心头、满脸怒容，弄得好好的一桌饭菜，谁也吃不下。

儿科医生告诉父母："餐桌教育"害处很多，孩子突然受到父母的训斥、责问，精神就会紧张，食欲也就消退，唾液分泌迅速减少，长此以往，形成不良条件反射，孩子一到吃饭就紧张，很可能会出现厌食现象。

同时，每当进餐，孩子胃肠道的消化腺就会分泌消化液，经过

消化液的消化分解后，就被肠壁吸收。因此，如果进餐时遭到父母训斥，已经兴奋起来的消化腺，也会受到抑制，消化液大大减少，食物难以充分消化、吸收，造成消化不良。

所以，进餐时批评教育男孩，对孩子今后的成长非常不利。

父母如果能够营造一个愉快、舒适的进餐环境，就等于搭建了一个和男孩进行良好沟通的桥梁。

在愉快的环境当中，男孩往往爱表现自己，想要发表自己的“高见”和“新闻”，这时父母要给他以机会。这样做既有利于男孩语言表达能力的发展，又有利于父母了解男孩的内心世界，同时还有利于活跃进餐的气氛。

父母也可以利用餐桌这个“阵地”培养男孩的参与意识和进餐礼仪。比如可以让男孩做一些摆放餐具、收拾餐具的事情，让男孩有家庭责任感。在吃饭的时候，要注意一些礼仪，比如要等家人或是客人都坐下了，才可以动筷子；好吃的东西要先考虑到别人，不能把好吃的菜都放自己的碗里；咀嚼东西以及喝汤时，不要发出声响；夹菜时不要东挑西翻等。不过，这方面的训练需要耐心，需要持之以恒，才能取得预期的效果。

专家建议，就餐时，父母应制造轻松愉快的就餐环境，可播放一些悠扬、活泼的乐曲，既可以为男孩提供愉悦的就餐环境，又能提高男孩欣赏乐曲的能力。

早餐吃得好的男孩更阳光

要想男孩健健康康，如阳光一般灿烂，就要让男孩吃好早餐，早餐不是可吃可不吃的问题，是怎样才能吃好的问题。

庄鑫父母上班的时间比较早，所以他们就给庄鑫一些钱让他自己买早点吃。最近庄鑫迷上了电脑游戏，可是自己手里的零花钱却不多

了，进了两三次网吧就没了。后来他想到了一个方法：把早餐取消，反正吃不吃都无所谓，这样就可以用省下的钱去上网了，结果却身体越来越差。最后脾气暴躁的父亲知道了这件事，把庄鑫好一顿揍，但是这有什么用呢，孩子的体质已经变差了，只有想办法让孩子好好吃早餐才是正事。

事实上，像庄鑫这样不吃早餐的现象在学生中很普遍。一项有关中小学生早餐状况的调查结果显示，只有57.1%的孩子吃了早餐。40%学生认为吃不吃早餐根本无所谓。有的孩子是怕胖，为了控制体重而不吃早餐，这类学生在调查对象中所占比例最高，达到了23.2%。有18.4%的被调查学生说，不吃早餐，是想省下钱来玩电脑、上网或买想要的东西。

早晨起床后，人体已有10多个小时没有进餐，胃处于空虚状态，此时血糖水平也降到了进食需求。开始活动后，大脑与肌肉消耗糖（即血糖），于是血糖水平会继续下降。这时如果还不进餐或进食低质早餐，体内就没有足够的血糖可供消耗，人体会感到倦怠、疲劳、暴躁、易怒，反应迟钝。并且，在睡眠中，我们的胃仍在分泌少量胃酸，如果不吃早餐，胃酸没有食品中和，就会刺激胃黏膜，导致胃部不适，久而久之则可能引起胃炎、胃溃疡等疾病。

早餐是早上起床后结束饥饿状态的第一次正式用餐，早餐摄入的营养不足很难在其他餐次中得到补充，不吃早餐或早餐质量不好是引起全天能量和营养素摄入不足的主要原因之一，严重时还会造成营养缺乏症，如营养不良、缺铁性贫血等。

男孩长期不吃早餐，不仅会影响全天能量和营养素的摄入，延缓生长发育，而且对我们的认知能力和学习成绩也有影响。

不吃早餐，人体只得动用体内贮存的糖原和蛋白质，久而久之，会导致皮肤干燥、起皱和贫血等，加速人体的衰老。

那么，什么样的早餐是最合理的？科学膳食指南要求，早餐中能量、蛋白质、维生素及矿物质等营养素应该达到推荐的每天膳食中营

养素供给量的25%。早餐中来自脂肪的能量不应超过该餐膳食提供能量的30%，来自饱和脂肪的能量应低于该餐膳食能量的10%，碳水化合物提供的能量应超过该餐膳食能量的55%，而其中胆固醇不应超过75毫克，钠盐不应超过600毫克等。

合理的早餐是一杯牛奶、适量的新鲜水果或蔬菜、100克干点（面包、馒头、大饼或饼干等含碳水化合物较高的食品）。这份早餐所含的热量能够充分满足男孩脑力活动与体力活动的需要。

一般认为，早餐所供热量占全日膳食总热量的25%—30%，午餐占40%，晚餐占30%—35%。目前我国大多数人的膳食总热量的70%来自含糖多的粮食，所以早餐吃米饭、馒头、面包之类即可。有条件的增添牛奶、鸡蛋之类的高蛋白质食物更好。

为了保证早晨有良好的食欲，要适当变换早餐的花样和口味，还要让孩子养成早晨“早起、通便、运动”的好习惯，以增进消化系统的功能。

所以，早餐并非是可吃可不吃的，它是良好饮食习惯的必要和重要组成部分。男孩的父母不仅要让男孩按时吃早餐，而且要保证高质量的早餐，让男孩有规律地吃早餐，这样的男孩才能越来越阳光。

合理饮食让男孩茁壮成长

谁不希望自己的儿子将来个子高高的，长得帅帅的？但是这除了跟遗传有很大的关系之外，跟后天的营养也有很大的关系。

一般正常人在发育之前，一年应长高5—6厘米，如果一年的生长速度低于4厘米的就属于生长缓慢了。青春期是人体突发生长时期，此加速增长现象女孩一般早于男孩约1—2年，女孩一般在10—12岁快速增高，到17岁时即停止增长；男孩在12—14岁，但持续增长的时间较长，可延续到20岁左右。

由此可见，除家族性（与遗传因素有关）和疾病所致的身材矮小外，其他造成矮小身材最多见的或直接或间接的原因是生长激素缺乏。营养障碍，如缺锌、缺碘、缺钙、缺铁等造成的“缺锌性侏儒症”“克丁病样矮小症”“钙缺乏综合症”等引起的身材矮小者更多。

人体所需要的一切营养素均来自食物。科学研究发现，合理的膳食结构对身高有十分重要的促进使用。也可以说，食疗增高是可以达到目的的。

（1）膳食要平衡。食品数量要充足，肉、果、谷、菜都要吃，食物多样化，粗细兼备，荤素搭配，相互取长补短。

（2）蔬菜、瓜果要新鲜。新鲜蔬菜如白菜、番茄、胡萝卜、黄瓜、青椒、葱，新鲜水果如橘子、梨、葡萄、香蕉、苹果、桃、西瓜等，这些食物中含有对人体增高十分重要的维生素，所以尽量保证每天都能得到供给。

（3）蛋白质必不可少。男孩发育期对蛋白质的需求量比成人高得多，如供给不足便会影响身高增长。食物以畜瘦肉、鱼虾肉、禽蛋类、乳类、豆类及其制品含蛋白质丰富，所以这些食物每餐都不要缺少。此外，胶原蛋白和黏蛋白是构成骨骼的有机成分，食物中肉皮、猪蹄、鸡、鱼、甲鱼等均富含胶原蛋白和黏蛋白，一定要及时补充。

（4）水分供应要充足。水分可以促进新陈代谢，可以使体内的毒素易于排出，有助于生长发育。每天饮水需1000毫升至2000毫升，可以采取清晨起床喝温开水、早餐喝豆浆、午餐喝菜汤、睡觉前喝牛奶、运动前喝淡盐水、酷夏喝热茶等方式饮水。

（5）补钙要适当。调查显示，补钙者比不补钙者个子高得多。如果膳食中不能经常摄取生理所需钙量，而血钙和软组织中的钙量不足，就必须向骨骼取钙，而骨骼中缺钙，其结果会导致骨质疏松、椎骨变形、脊柱变曲，从而致使身体变矮。含钙较多的食物有牛奶、奶制品、鸡蛋、鱼类、贝类、豆腐及豆制品、芝麻酱、南瓜子等。此

外，这些食物中还含有维生素D、维生素C、乳糖等，有助于钙的吸收和利用。

（6）不饱和脂肪酸不可缺。不饱和脂肪酸是人体胆固醇的主要来源，是制造体内固醇类激素，如性激素、肾上腺激素等的必需物质。富含不饱和脂肪酸的食品有植物油脂，其中粟米油、豆油等含量尤为丰富，鱼油、瘦肉、鱼类亦应经常食用。

（7）铁、锌作用大。如果食物中供给的铁不足，必然使血红蛋白合成受阻，而引起很多器官和组织的生理功能异常，生长发育、智力发育、免疫功能、细胞代谢等均会受到影响。日常食谱中，动物肝脏和其他内脏、红肉类（指牛肉、羊肉等）、蛋黄、鱼以及豆类含铁量都非常高，且较易被人体吸收，所以要多吃。此外，锌与性腺以及促性腺激素的分泌等有关，对男孩的生长、发育以及智力的影响都很大。因此，含锌丰富的食物如牡蛎、动物肝脏等应经常供给。

总之，男孩饮食调养的责任在父母，父母应该精心观察男孩的食欲、精神状态、睡眠和大小便等状况，发现异常则应及时调整。只有合理膳食，才能让男孩一天比一天茁壮起来。

改良食谱，远离垃圾食品

要想不给男孩吃垃圾食品，首先要知道什么是垃圾食品。

膨化类食品：膨化食品的配方造成了它的营养成分主要是碳水化合物、高脂肪、高热量、高盐、高糖、多味精，属于“五高一多”食品，有资料显示膨化食品中的脂肪含量约占40.6%，热量高达33.4%，对于需要丰富均衡的营养来茁壮成长的男孩来说，长期大量地食用膨化食品必定会影响身体健康。

含铅食品：爆米花等食品是一种含铅量多的食物，多食对人体没有什么好处。因为铅会使脑内去钾肾上腺素、多巴胺和5—羟色胺的

含量降低，造成神经质传导阻滞，容易导致记忆力衰退、痴呆症、智力发育障碍等，其最明显的特征是，原本面色红润，皮肤细嫩的男孩变得脸色灰暗而过早地衰老。

腌制食品：谁都知道，腌制食品的主要成分是将食盐转化成亚硝酸盐，这种物质在人体内酶的催化作用下，很快会同体内的各类物质作用生成亚胺类的致癌物质。如咸鸡、咸鸭、咸肉、香肠等，多吃易导致体力不支后患无穷。

过氧脂质：煎过油条、炸过鱼虾禽肉等的食用油，由于其高温的作用，时间一长会生成一种叫过氧脂质的物质；而长期在阳光下暴晒的咸鱼、腊肉等，长期存放的饼干、糕点、油茶面、油脂等，都很容易产生哈喇味的油脂，分解成过氧脂质。事实上，这种物质往往被人所忽视，其大量进入人体后，极大地破坏了人体内的酸系统以及维生素等的产生，是一种加速促进人体衰老的催化剂。正处于发育期的男孩吃过多的垃圾食品，大脑很有可能会受到永久性的损伤。这些油炸处理过的食物不但会影响男孩们的肌体发育，而且会对脑力意识成长带来不良后果。

加工肉类食品：这类食品具有的危害主要包括含三大致癌物质之一——亚硝酸盐（防腐和显色作用），含大量防腐剂，加重肝脏负担。比如肉干、肉松、香肠等。

方便类食品：这类食品具有的危害主要包括盐分过高，含防腐剂、香精，只有热量，没有营养，易对肝脏造成负担。如各种各样的方便面。

话梅、蜜饯类食品：这类食品具有危害主要包括含三大致癌物质之一——亚硝酸盐，盐分过高，含防腐剂、香精，损肝。如各种果脯。

霉变食物：粮食、油类、花生、豆类、肉类、鱼类等发生霉变时，会产生大量的病菌和黄曲霉素。这些发霉物一旦被人食用后，轻则发生腹泻、呕吐、头昏、眼花、烦躁、肠炎、听力下降和全身无力等症状，重则可致癌致畸，并促使人早衰。

营养学家特别指出，男孩在正长身体的时候，父母一定要为他选择富含均衡营养的天然营养食品。在购买食品的时候，父母应该做到以下几点：

（1）到正规商店里购买，不买校园周边、街头巷尾的“三无”食品。

（2）购买正规厂家生产的食品，尽量选择信誉度较好的品牌。

（3）仔细查看产品标签。食品标签必须标注有产品名称、配料表、净含量、厂名、厂址、生产日期、保质期、产品标准号等。不买标签不规范的产品。

（4）不盲目随从广告，广告的宣传并不代表科学，是商家利益的体现。

（5）时刻关注食品的相关信息。如我国已经启动了“食品行业食品安全信用体系建设”工作，此工作将为青少年食品的选择提供消费参考。

（6）糖果、甜果、巧克力、果冻、方便面、纯净水、洋快餐、冷饮、银杏果九种食品不宜多吃。

总之，要想让男孩身体健康，父母只需改变不良的“食谱”，少让男孩吃垃圾食品，多吃富含碳水化合物和维生素的米饭、蔬菜、肉类，多食蛋白质和维生素丰富的豆制品、奶制品，做到粗粮、细粮搭配，荤菜、素菜搭配，动物蛋白与植物蛋白搭配。

正面管教：培养孩子从跑步开始

日本80后青年体育老师长泽宗太郎出版了一部《培养孩子从跑步开始》的著作。在书中，作者告诉我们：培养孩子的体质，从跑步开始！除了介绍一些跑步的基本知识外，长泽宗太郎还切实指导孩子如

何跑步，如何通过跑步培养强大的内心。作者写道：

1.“跑步”是取得进步的最短捷径

如果自己的孩子还处于幼儿期、小学低年级的话，请尽量为他们创造一个可以到室外玩耍、运动的环境。如此一来，孩子们就会自然而然地提高运动能力。

其中，“跑步”是所有运动的基础。如果，你认为“我家的孩子不喜欢运动”，我建议，首先从赛跑开始。

这是因为，跑步如果能掌握基本的姿势，确实是能够跑得更快。让孩子用“时间”这样具体不断变化的数字来切身体会到自己的进步。

如果取得了“跑得更快”的结果，孩子们自然也会感到“太好了，要更加努力”，会更加勤奋地练习。在赛跑中跑得更快，基础运动能力也会提高，所以在其他的运动中，效果也会显现出来。

如果形成了这种积极循环，孩子就会渐渐喜欢上运动，运动能力自然也会提高。

也就是说，在跑步中能够让孩子们立刻看到努力的结果，所以跑步是调动孩子们积极性的特效药。

相反，在基础运动能力尚未提高的阶段，同其他人进行比较，如果从需要分出胜负的运动和竞技开始，持续的失败会使孩子渐渐失去信心，从而讨厌运动。一旦变得讨厌运动，要再喜欢上就非常困难了。

为了避免这种消极的循环，从能明显看到自己努力成果的“跑步”开始，是最理想的选择。

你可能觉得这是绕远路，但事实上，提高“跑步”能力是提高其他运动能力的捷径。

即便自己的孩子已经是小学高年级以上，首先从“跑步”开始挑战也是不错的。

无论多么不擅长运动的孩子，都不存在“跑不快”这回事。什么

样的孩子，都可以跑得更快。

如果掌握了适当的姿势，跑步时间就可以缩短。“自己跑得更快”这种体验，可以转换为自信，对运动的苦恼意识也会渐渐消失。

“能”或“做到更好”这种经历，会转化为很大的自信。成功的体验，在今后的人生道路上，也是非常宝贵的财富。

“自己的孩子是运动白痴，已经晚了”，绝对不能有这种想法。

如果贴上了这种标签，孩子会觉得“反正自己也做不到”，马上就会放弃，这就等于是摧毁了孩子未来的可能性。

2.即便是大人也要锻炼出能够挑战新事物的体格

孩童时期，如果掌握了“跑”“跳”“悬挂”“投”这些基础的运动能力，孩子长成大人之后，也可以不断地继续应用到这些能力。

比如，大人开始练习高尔夫、网球、滑雪、雪板时，如果掌握了基础的运动能力，不用花费太多时间就能学得很好。

“做这个动作时，身体的这个部分要这样动”，因为大脑和身体会自动协调。这里，玩和运动的“经历”才是根本。

另一方面，如果在孩童时期没有掌握基础运动能力，长大之后就算想开始新的运动，也很难学好，需要付出比别人多一倍的努力才行。

在孩童时期提高运动能力，长大之后挑战新运动时，就能发挥大作用了。毫无疑问，轻松挑战新运动，人生也会更加充实。

考虑到孩子将来的人生道路，在日常生活中加入“跑步”等运动和玩耍非常重要。

3.一步一步地踏实前进

我在指导孩子跑步姿势的时候，是用心的、一步一步按照顺序在教。

“胳膊弯曲90度、膝盖向前伸、头不要摇晃、要看向正前方……”

像这样教过一遍之后，孩子的头还会乱晃。就算是大人，一下子

“试着做这个做那个”，也很难做到完美。

所以，对于伸直胳膊在跑的孩子，“首先要胳膊弯曲90度试一下”，对摇着头跑步的孩子，“首先把头摆正不要摇晃来试一下”，一次只教一个要改善的要点。

改善的顺序为：

①是否背部挺直、身体前倾。

②手腕摇摆是否用力。

③腿的运动是否顺畅。

所以，实际上跑得比较顺利时，表扬他“做得很好”，然后将注意点转移到下一个要点上。这样，一个一个地解决，脑子就不会混乱，也能一步步地接近理想的跑步姿势。当然，配合姿势的改善，跑步时间将大大缩短。

如此一来，就像爬台阶一样，一级一级地攀登，孩子也会真实地感觉到“我可以”、“我进步了”，就能够达到加速上升的目的。

4.“完全否定”会令孩子失去自信

但现实中并不是所有的训练都能顺利进行。

有时，前天能做到的，第二天又做不到了，过于集中精力在新的改善点上，而已经改善的缺点又回到了原点。这时——

“为什么昨天还可以今天就不行了？”

“又回到原点了，要说几遍你才能明白？”

我们可能会忍不住想说这样的话。但孩子们正在拼命地努力，想要更进一步。这时，如果说这种全盘否定的话，孩子会再返回当初没有自信的心理阶段。

这时，“部分肯定、部分否定”就是重中之重了，即不要全盘否定而是要分别指出好的地方和不好的地方。

例如，虽然前天掌握了摆臂方法，但第二天因为集中精力不摇头、看向前方跑，而忽略了摆臂方法。这时，如果怒斥“摆臂方法又回去了！这样绝对不行！”，就是全盘否定了。

一方面，表扬做得好的地方，“一直看着前方在跑，进步很大。但胳膊没有弯曲90度。下次注意一下摆臂方法”，另一方面，指出做得不足的地方，孩子们就不会过于紧张了。

无论跑得多慢的孩子，也一定有一两处好的方面。

在刚开始教孩子跑步的时候，我会尽量找到好的方面，然后再指出不好的方面。比如，跑步姿势乱七八糟，实在没有可夸奖的方面，但也一定会有其他值得夸奖的方面。

“一直都在拼命努力地跑啊！”

“可以跑直线，不错！”

“跑的时候不会摔倒，很好。”

在指出不好之处的同时指出好的方面，应该能取得更好的效果。可以说，大人的世界也是一样的。比如，职场上，向上司提交了一份企划案，上司说，“完全不行，回去重新写”，全盘否定了自己的努力，大概一下子就失去信心了吧。

另一方面，“这个企划，虽然缺少实现性，但点子还是很有趣的。再试着重新考虑一份活用这一点子的计划，就能成为不错的企划书”，如果是这样带有建议性的回答，“太棒了，加油，重新写一份”，就会干劲十足了。

无论是大人还是孩子，如果被全盘否定，伤心的同时动力往往也会一下子消失。想一下，这也是理所当然的事情，但我觉得，在教孩子东西的时候，很多父母会因热情过头而全盘否定孩子的努力。

5.以“一起学”的姿态来练习

为了提高孩子的运动干劲，最好的办法就是父母采取和孩子“一起做”的姿态。不是对孩子说“去练习吧”，而是说“一起去练习吧”，只有这样，孩子才会干劲十足。

孩子在想“就算学也没什么效果”的时候，父母却在说“快学”，孩子就会一边抱怨“刚要开始的”一边磨磨蹭蹭地走向练习台。带着厌恶情绪，既不会提高成绩，也无法养成努力学的好习惯。

但是，如果对孩子说“我们一起学吧，有不懂的地方，我们可以一起想”，孩子们多少会增强一些动力。

大概有的父母会说：“有段时间没运动，身体都不会运动了。”

即使不能全速跑，我想也总能和孩子一起做准备运动、一起慢跑吧。父母换上运动衫等训练服饰，哪怕只是和孩子一起慢跑，也能让孩子看到父母的用心程度。

在教孩子跑步方法时，最好能做好“一起学”的心理准备。现实中，以培养一流运动员的方法来指导孩子，如果没有足够的知识和经验，会非常困难。如果不是运动经验丰富的父母，很难给孩子合适的指导。

如果是普通的父母，手里拿本写着“跑得快的要点”的书，一边说“这样做好像就能跑得更快”一边和孩子一起学。而不必勉强去扮演一个有能力的“教练”。

受伤、生病等不能一起跑、一起运动的时候，至少也要换上运动衫等运动服饰陪着孩子练习。即便只是如此，孩子也会觉得“父母也正在一起练习”。只是，小学高年级以上的孩子，如果父母一起练习的话，可能会感觉害羞，所以也不能勉强。但小学4年级之前，要尽量多制造和孩子一起练习的机会。

——节选自中国电影出版社《培养孩子从跑步开始》，【日】长泽宗太郎著，代芳芳译，2013年6月第1版P37-39、P58-60，略有改动

第十一章

正确对待，帮男孩平稳度过青春期

进入青春期的男孩生理和心理都处于高速发展阶段。随着生理的成熟，心理上的波动比较大，男孩在经历“第二次诞生”的阵痛，情绪上容易产生激荡和动乱。面对男孩的突然变化，很多父母常常为此感到措手不及。其实，这时父母应该给男孩更多的爱，理解男孩，引导男孩平稳度过青春期。

性教育应该从两三岁就开始

很多父母认为，有关性的问题用不着教育，孩子长大成人自然就懂了。这是因为受传统教育观念的影响，对性教育问题还没有形成比较开放的思想，学校里也很少提及性教育课程，所以，在父母看来，即便没有性教育，也同样会生儿育女，进行人类的世代繁衍。还有人认为，在青春期以前，是没有“性”的概念的。既没有性的功能，也没有性的想法。然而，事实上并非如此。

现代人类依然对性的问题存在许多误区和偏见，在性教育上也是一知半解。其实，性的生理功能始终伴随于人的一生。人们常常用青春期作为人成熟的标志，青春期是人生中重要的阶段，可以算作未成年到成年的分界点。但是，这并非意味着青春期之前就无“性”的存在，而青春期之后才变得有了“性”的区分。青春期是性成熟的标志，也就是意味着从这一阶段开始，性心理和性行为逐渐变得成熟，实现未成年到成年的过渡。而性的基本功能和生理反应，则是在胚胎里就已经具备了。所以，青春期的性教育问题，是值得家长和老师重视的。漠视孩子的性教育，则可能酿成大错。如今，大部分孩子的青春期发育提前，初中生早恋已经成为一种普遍的社会现象，少女怀孕问题逐渐增多，由于男孩缺乏性的知识和性道德，因此会做出一些蠢事来。所以，要积极对青春期的少男少女进行性教育，不能顺其自然发展。

青春期之前的男孩即使对性一无所知，也会偶然地出现性反应，这是正常的生理现象。然而，很多男孩对性知识缺乏，会对自己出现的“性现象”感到吃惊和恐惧。更有的连成年人也对此现象感到迷惑不解，这也说明了性教育问题的重要性。一些对性感到耻辱、回避等传统观念应当改变。性反应是自然的正常的生理现象，所以性教育也

不应成为避讳不谈的话题。但是如何教育能取得好的效果，则取决于父母持有什么样的观念和态度。

“性教育”并不仅指性行为教育，而是一种人格教育。良好的性启蒙教育对男孩人格的成长和身心健康发展都是极为重要的。当男孩逐渐长大懂事的时候，父母可以让男孩了解和认识人体结构，包括人体各器官的名称、结构和功能，告诉男孩性器官的名称、功能和男女身体的差异。在讲解人体生理知识时，最好用通俗易懂的语言来讲解，告诉男孩一些基本的性知识即可。

对男孩从小就进行性教育，是有必要的。对男孩性教育应该从两三岁就开始，当男孩开始无意识地摆弄“小鸡鸡”的时候就应开始了。

三岁左右的男孩常常会问大人：“为什么我有小鸡鸡，能站着撒尿？”“为什么佳佳妹妹总是蹲着撒尿？”这时期男孩提出的性问题，通常是出于好奇心或是对某种情况的疑问。面对男孩的疑问，父母的回答本身并不是最重要的，最重要的是对性问题的态度和所做出的反应。所以，当男孩提出一些有关性的问题时，父母要以自然和健康的态度对待，坦率、简单地告知男孩一些基本的人体常识，切忌神秘和遮掩。随着年龄的增长，父母还会面临男孩有关遗精、自慰等性问题，所以性教育问题是不可忽视的。

父母对男孩进行性教育要掌握适当的方法，这样不仅使男孩了解和学习到科学的性知识，保证男孩性心理的健康发展，还可以促进亲子之间良好、亲密和相互信任的平等关系。

有关性问题的疑惑，小男孩可能问得最多的问题就是，自己是从哪里来的。而不懂得教育方法的父母往往会敷衍说：“外面捡来的。”这样的回答既不科学也不能让男孩信服。正确的态度应该是严肃地对待男孩的提问，可以回答说：“你是从妈妈的肚子里生出来的。”这样回答符合男孩的思路。对于稍微大一点儿的男孩，父母也可以先反问男孩：“你觉得你是从哪里来的？”当男孩了解到一些生理常识和有关的性问题时，会按照自己的理解寻找答案。当男孩所说的观点基本正确，父母可以表示肯定，说“就是你说的这样”就可以了。总之，面对男孩性的疑惑，父母要做出科学而合理的解释，要让男孩接受和信服。面对不同年龄、智力水平的男孩的提问，可以做出不同的回答，既不能太深奥，也不能过于简单，只有这样，才能降低男孩的好奇心，同时让男孩学到知识。

性教育不仅仅指性知识的传播，还应包括父母的身教作用，不要给男孩制造神秘感。在性教育时，要符合男孩的年龄特点、理解能力，遵循男孩的生理发育阶段，比如对刚刚懂事的男孩讲解遗精显然是不合适的。另外，还要考虑到顺序和时间、场合等因素。父母平时要多观察、留心男孩的情况，注意掌握恰当的教育时机。

无论男孩对性反应和性现象产生怎样的疑问和困惑，父母都不能责罚和打骂、打击、挖苦和疏远他们，更不能找理由回避和搪塞男孩的提问，这不但没有消除男孩对性的疑虑，而且还容易对男孩成年以后的性心理造成不良的影响。正确的做法和态度是，对男孩提出的性问题做出合理科学的解释，引导男孩积极健康地成长。

青春期男孩的秘密你别碰

处于花季的少男少女，总爱将自己的抽屉上一把锁，似乎有什么不可告人的秘密。其实，这只是男孩独立、自尊意识的一种体现，男孩想以此表明自己已经长成一个拥有个人行为秘密的人，再也不像童年那样随时随地都愿对父母敞开心扉。

17岁的小刚是一名高中生，他很爱学习，但是脾气有点儿倔强。有一次，父亲发现自家的信箱里有小刚的信，而且信封上的字体工整清秀。父亲认为多半是女生给儿子写的信，于是跟妻子嘀咕：“儿子可能谈恋爱了，这可不是小事！”

于是夫妻俩开始“审问”小刚：“那是谁给你写的信？你可别把时间用在写情书上，你小子不考上大学甭扯那没用的！”

小刚反驳地说：“是初中时的一个同学来的信，她遇到一些困难，想请求我帮助。”

“别拿这话骗人，好汉做事好汉当，把来信拿来给我们看看。”父亲说。

“这是我的秘密，为什么非给你们看？”儿子理直气壮地反驳。

“瞧瞧，不敢给人看吧，还是不可告人的秘密！”母亲火上浇油。

小刚生气了，冲进自己的房间把来信撕得粉碎。

父亲更火了：“你小子翅膀硬了，看我管不管得了你！你把来信的内容好好跟我们说一说！”

“我就不说！”儿子一气跑出了家门。

原来确实是小刚初中时的一个女同学给他写的信，这个女同学对小刚一直有好感。小刚觉得学习要紧，没打算谈恋爱，但作为好朋友，应该为这个女同学保密，因此不愿让父母知道。

如今大多数的家庭是独生子，对于父母来说关心、培育好男孩可谓煞费苦心。不过，男孩常常觉得父母不理解自己，会用带密码锁的日记本或给抽屉上锁，以保护自己的“秘密”不遭到父母的“偷窥”。

青春期的男孩喜欢将所有的事情记在日记里，这正反映了他们最显著的心理特点——心理闭锁性。十六七岁的男孩已不再像儿时那样单纯直率，把所有的需求和愿望都毫无保留地告诉给大人，而是喜欢把心事藏起来，喜欢和自己倾诉心中的烦恼和快乐。此时，日记本就成为他们倾吐、宣泄、记录、回忆的最常用的工具。随着年龄的增长，男孩逐渐地获得了独立，已经拥有一个相对完整、私密的个人空间，这个空间里的一切都是属于自己的，任何人都不可以随便地闯入进来。为了让这个隐秘的自由空间只为男孩所有，男孩会做出“警诫声明”，告诫包括父母在内的任何人不得随便干涉。但是，许多父母不能正确对待男孩的这种心理需求，总是千方百计地窥视、猜测男孩的秘密，强迫男孩按照自己的意愿行事。父母的这种“爱心”往往会使男孩产生强烈的逆反心理，不利于男孩的健康成长。

秘密应该被尊重，一个男孩如果没有体验过被尊重的感觉，他就不懂得尊重别人。尤其是当男孩逐渐进入青春发育期之后，生理上的成熟引起心理上的变化，会出现一种“闭锁心理”，开始有了自己的小“秘密”，不想把什么都告诉父母。这是很正常的现象。男孩青春期秘密是其成长的重要标志。如果父母不理解，往往会发生严重的亲子关系冲突。

父母亲常常保有自己的秘密，但是却认为必须时时知道男孩的一切——他们在做什么？想什么？如果男孩拒绝分享他们的秘密，父母会因此而生气且觉得受到伤害。

唯有父母让男孩从小就享受他们应有的权利，他们才能快乐健康地成长，事实上，给男孩独处的机会，让他们有些幻梦，对他们的确有帮助。

其实当青春期的男孩独处时，他们往往会想一些不存在的事，甚至自我批评。例如：“我愈来愈胖”“佩佩不喜欢我”“我总是浪费时间”。但是除了这些负面情绪外，研究发现青少年一天之中醒着的时候约有1/4的时间是独处的，而事实上他们也从其中获得助益；他们可以计划更多的事。他们或许会认为孤独令人难受，但往往“良药是苦口的”。

虽然保密有其正面的影响，但是父母亲仍然会担心男孩之所以希望独处，可能是想做一些父母并不赞同的事。这个怀疑可能导致父母与青春期男孩之间的战火。而父母亲侵犯男孩的秘密有时会造成男孩们感到自己有罪，对他人产生防御心，甚至更加的退缩。为了让男孩能有很好的自我价值观，父母应该获得男孩们的信赖。

有时当男孩们希望能独处时，他们往往会寻找借口而不直接地表

达出来。他们可能告诉父母：他们很疲倦或者是身体不舒服。与他人玩耍时的紧张不安也可能是他们需要一点儿独处时间的预兆。

男孩们到底需要多久的独处时间呢？对于青少年而言，通常一周15—30小时是最为恰当的。如果他们常常孤独一人，这时父母就必须去了解他们在做些什么。青春期的男孩若是一天到晚只看电视、重复地听同一首歌或者常发呆，那么父母不妨试着引导他们对其他活动的兴趣；然而如果他们只是专注于自己的嗜好或是特别有趣的事，父母就无须担心了。

让男孩了解保有自己的秘密并不表示父母不关心他们，只要当他们向父母寻求帮助和支持时，父母能给予温暖的回应，他们就会体会出父母的关怀。具体的父母应该做到以下几点：

（1）别贸然去窥探男孩的秘密。青春期的男孩有个最大的特点就是他有秘密，而且不想让别人知道自己的秘密，虽然那个秘密不是很大，但是父母这种不信任的做法让他特别反感。所以这时候要尊重男孩的意见，给男孩留点儿空间，别去偷看男孩的日记。这一点在男孩的人格发展中是非常重要的一点，要爱护他这一点，给他留点儿秘密。哪位父母要偷看男孩的日记，您再好心，男孩也会不满。

（2）相信男孩能够处理他遇见的麻烦。偷看男孩的日记，无疑是由一片爱心驱动。然而，爱，就要信任。凡是坚持写日记的男孩，几乎都是好学上进、有自尊心的男孩。也许他在为人处事上有些失误，但如果他肯记下来，他肯反省，这比什么都重要！

（3）尝试着做男孩的大朋友。对男孩闭锁的心灵不去贸然探秘，难道可以不闻不问？当然不是。需要的是父母要放下架子，与男孩营造一种朋友关系。男孩不会拒绝朋友。所以父母应该放松一点儿，就跟平常聊天一样，跟男孩聊聊青春期一些比较秘密的事，在聊天中男孩就掌握了应该怎么去做。

（4）培养男孩明辨是非的能力。进入青春期的男孩，尽管自主意识增强了，但正确的人生观尚未最终形成，由于是非观念不强、自

制与自控的能力比较差，男孩在处理诸如学业、情感、人际关系等诸多问题时，还不能把握好尺度，父母在细心观察男孩思想动态的同时，要根据男孩的性格、爱好和特征，有针对性地采取相应的措施，培养男孩明辨是非的能力，引导男孩在学习和生活中检查、论证自己的思维过程和内心秘密的正确程度，以规范自己的行为。

想尽一切办法，也不可能把男孩的心声全部掏出来，而且也没有必要。独享一块心灵绿地，不要任何人来涉足，这是一个心理健全的人的基本心理需求。男孩长大了，就应该有一块仅属于自己的天地。把这方天地留给男孩独自享有，这也是对男孩的爱。

青春期男孩喜欢"对着干"

男孩进入青春期后，心理上的"脱胎换骨"就开始了，自我意识开始清晰，独立意识逐渐增强，他处处想显示出自己的"成熟"，不希望父母对自己再像小时候那样耳提面命，而希望能与父母平等对话。苏联心理学家、教育家彼得罗夫斯基称之为"由听话的道德向平等的道德的过渡"。如果父母不能认识到这一点，便会令男孩气愤、反感，为了表示他的不满，有的男孩就跟父母"对着干"，甚至对父母善意的帮助和合理的要求也拒不买账。他的目的就是要父母注意到他的存在。有的男孩虽然看上去很听话，但仔细观察一下就会发现他很多时候阳奉阴违、口是心非，其实这是他心底对大人们的抵触和不满。

青春期代沟的问题出在哪里？是父母的错还是男孩的错？其实，对这个问题有关专家早就开始研究，他们把责任分成了两部分，父母占80%，男孩占20%。所以，父母如果和青春期的男孩在沟通中遇到了问题，就真的需要好好反思了。

当男孩对父母表示不满时，也要有心理准备。父母不妨这样做：

（1）父母要先反省自己的言行举止是否起到了模范作用。父母的一言一行对男孩都会有所影响，有所启发。比如，脾气暴躁、爱打骂孩子的父母，男孩也往往脾气倔强，难以服从；还有的父母认为男孩听话就是孝顺，不听话就是大逆不道，这些观念都不利于对叛逆期男孩的教育。

父母只有清楚了男孩的心理变化，梳理清自己的教育思路，调整好自己的情绪，才能给男孩一个安定的环境，缓解男孩在青春期的焦躁。不能实行严厉的“大棒政策”，应该给男孩一点儿独立的空间，把握合理的原则，与男孩建立平等的关系，消除与男孩的隔阂。

此外，父母还要反省自己的教育观念和思想，是否无意中就把男孩当成了“考试机器”？是否寄予太多的希望让男孩“压力山大”？是否不善于引导男孩，而只会斥责和棒喝？是否对男孩的所思所想从不过问？

（2）尽量把事情淡化处理。正值青春期的男孩对正值更年期的母亲说：“你管不了我的，我现在是狂飙期。”母亲听了，也回了儿子一句：“有什么了不起的，我现在是更年期。”男孩听后被这句话逗乐了，而狂躁的情绪也消失了大半。

当青春期撞上更年期，亲子沟通中就需要一些不那么严肃的风趣和幽默，这样一来，男孩青春期糟糕的情绪就得到了缓解。

（3）换一个角度看待问题。很多父母在给男孩训话时总喜欢问他“你到底想怎么样”，父母要考察自己的沟通效果，可以换一个角度和口气，这样问男孩：“需要我为你做什么？”这样男孩听起来就很舒服，觉得父母很尊重自己，乐于和父母一起探讨问题，同时也调动了男孩的积极性，有利于亲子之间的沟通。

（4）要引导，而不是强制。父母要切忌用命令、催促的口吻与男孩讲话，更不要用“笨蛋”“废物”之类的否定、贬低、侮辱的语言。有很多话可能父母只是随口说说，但却无意中伤害到了青春期男孩的心灵，严重的则导致心灵扭曲。

父母在和男孩对话时，要带着商量的口吻，不能总是质问男孩，要平等地和男孩进行交流，选取最佳的解决问题的方案，这才是最健康的亲子关系、最健康的家庭氛围。在这种环境中成长，父母不用费多大的劲儿，正处在青春期的男孩很自然地就会接纳他们的意见，向他们吐露心声。

不要视男孩自慰为洪水猛兽

进入青春期之后，男孩自慰是一种正常行为，源于对性的好奇。面对男孩的自慰行为，父母一定要慎重对待，切不可打骂纠正。

唐伟已经上大学了，他回忆起初中时的那一幕，依然心有余悸。

那是高一下学期的事情。有一次，他在家做数学作业，有一道题一时想不出来，脑袋里就开始胡思乱想起来。这种情况已经不是第一次，已有半学期了。在自己独处的时候，情不自禁地用手玩弄自己的阴茎。他自己也很清楚，每次做作业的时间都特别长，爸爸妈妈都感到他进步多了，能经常一两个小时做作业，也不出声。只是成绩不但没有上升，反而下降，这就使他们老是在想：现在的学生真不容易，竞争太激烈、学习太苦了。

不过，有一次唐伟露了馅。正当他极度兴奋时，爸爸推门进来。那扇门平时儿子都是小心插好的，这一天不知怎么搞的，忘了插。爸爸看到这一幕，手中的牛奶杯摔在地上。儿子惊呆了，迅速站起来，拉好衣裤。不过爸爸已经愤怒地走过来，忽然看到作业本上还放着一张半裸的美女卡片，上去就给儿子一巴掌。

“我们以为你在好好学习，不要脸的狗东西！”说完，气得走了出去。

儿子低着头，咬着嘴唇，什么也不说。

从此以后，他在父母面前小心翼翼，甚至不敢正面看他们，在班

上也不敢与女生说话，女教师上课，他都不敢抬头。在他的心中，罪恶感、耻辱感压得他喘不过气来。可同时，他并没有停止自慰，每次偷偷完成后，就有内疚与自责的痛苦，这使得他的青春期一片阴暗。

在传统社会里，自慰是一种很丢脸的行为，属于社会禁忌，人们平时都不能谈论它。传统观念认为自慰会造成人的精力衰竭、气短体虚。过去的医书上也写着：自慰会导致神经衰弱、记忆力下降、失眠多梦以及婚后性功能障碍等。一些父母正是基于这种传统观念对男孩的自慰行为大加斥责。

专家指出：青春期以后，男女都可能发生自慰，但是男性比较普遍。那些从来不敢触摸自己性器官的男孩，大多受到严厉的约束，认为性器官很“脏”或很“神圣”，不能随意接触。其实，这反而对他们的健康不利。

造成自慰的生理原因与梦遗类似，主要是生殖器官发育，性激素浓度上升，使男孩本能地开始对异性感兴趣。而生殖器官在不断发育中也容易引起男孩的注意，特别是阴茎很容易在受到刺激后充血勃起，这一发现会令男孩感到好奇。

用传统的目光和粗暴的方式对待男孩在性方面的不当行为，不仅于事无补，而且会伤害男孩的自尊，给男孩的心理留下永远的创伤。

男孩偶然的自慰是缓解性压力的一个途径。但有些父母却不这么认为，他们一旦发现男孩有自慰行为，往往大加斥责，甚至羞辱男孩，像唐伟的爸爸责骂唐伟“不要脸”就很不恰当。这样做使男孩罪恶感增加，心理自卑感加强，甚至造成精神崩溃。

父母应当多了解一些生理卫生和青春期的心理知识，并在男孩发生自慰行为时，对男孩讲清楚自慰的利弊，而且让他们知道青春期由于生殖器官的发育，性激素会促使男孩出现梦遗现象。

男孩最初的性体验往往来自于自身的自慰行为，自慰被认为是性行为的初始方式。自慰对于性冲动异常强烈的男孩来说，它能使性冲动得以顺利地宣泄。自慰还是男孩自我发现和逐渐了解自己的身体和情感的一种方式。因此，只要不是过于沉湎于自慰产生的快感中，不过于频繁自慰，是不会损害男孩身心健康发展的。因此说，当父母发现男孩的自慰行为时，不要大惊小怪，更没有必要怒骂斥责。

当男孩进入青春期后，随着他性意识的觉醒，应及时进行性知识和性道德教育。父母要选择适当的语言和适当的时机告诉他，由于内分泌系统的成熟，性激素产生过多，男孩开始出现第二性征。男孩会长胡须，声音变粗，阴茎、睾丸增大，并出现遗精等生理变化。这时，父母应告诉他这是一种正常的生理现象，是进入青春期的标志。

鲁迅先生说："生物的个体，总免不了衰老和死亡。为继续生命起见，就有一种本能，这就是性欲。因性欲才有性交，因性交才有后代，继续了生命，所以，性交也并非罪恶，并非不净。"因此对性问题大可不必羞羞答答，遮遮掩掩，应理直气壮地来谈论它，研究它，让更多的人，特别是青少年正确地认识它，以增强对性犯罪的免疫力。

关于性，回避、搪塞只会让男孩觉得这种事情更加神秘，更增加了男孩对这类事情的好奇心。父母是男孩的第一任老师，对于性的问题，最好一开始就给男孩一个实事求是的答案。

父母应该尽量简洁地对男孩解释，不用长篇大论，或者给他上一堂复杂的科学或道德课程。如果自己回答不了，就找一本相关的书籍，和男孩一起阅读吧。

巧妙地引导男孩面对性成熟

进入青春发育期的男孩开始亲身体验到身体的微妙变化，如果在这之前，他已经接受过来自父母的科学指导，便不会对遗精感到紧张，虽然他仍然会感到害羞。父母要巧妙地引导男孩坦然对待性成熟。

有的父母不明白，“男孩什么时候开始有了性本能？是在青春期突然之间产生的吗？”不，性本能在青春期前很长时间就产生了。弗洛伊德声称性满足从摇篮里就开始了，最初与哺乳有关。孩提的行为在很大程度上受到性好奇与性兴趣的影响，虽然荷尔蒙的分泌要到青春期才会完全成熟。3—5岁的男孩对裸体的兴趣以及男女孩相互之间对性器官的兴趣，也是很常见的。这是形成性观念的重要时期，父母应该注意不要对这种好奇表现出震惊与厌恶，据悉，很多性问题都是父母对男孩早期进行不适当教育的结果。到了小学高年级，10岁左右，男孩开始对两性关系发生兴趣。

一般男孩在11—15岁进入青春期，在这一时期伴随着性生理的变化，男孩产生了对性知识的强烈需求，开始关注自己的身体发育变化，会与周围伙伴的发育变化进行比较。青春期的男孩心中总是充满了各种疑惑并渴望获得答案，他常常对发生在自己身上的变化感到惊讶、脸红或者恐慌、紧张不安，甚至疑心生病，对自己的健康状况分辨不清。所以，他常常有意识地通过一些途径来寻求性知识，如翻阅医学书刊、收听专栏广播等。

青春期初期的男孩会将大部分时间集中于性的问题上，这很正常。他被这个令人激动的新世界深深吸引，想尽可能多地了解这个世界的一切。父母不应该对一个处于青春期男孩的所想所为感到震惊：他很可能会说出或是写下父母认为早熟的事情。羞涩少语的青春期男孩有时也会说出让人吃惊的亵渎之语。这种性探究不应被理解为道德败坏，相反，这典型地反映了男孩突然之间对性的向往。

美国性教育家戈尔顿教授认为，受过家庭性教育的青春期少男少女，大都能推迟首次与异性接触的时间。但对于给自己正逐渐成熟起来的男孩进行性教育，许多父母常不知该怎样入手。如何巧妙地引导男孩面对性成熟，专家给出了以下几个建议：

（1）制定一些有说服力的、易为男孩接受的规定。任何父母都不可能把男孩一直关在家里，过多的限制往往会引起男孩的反抗。绝大多数男孩接触异性的时间一般在放学回家之后到父母下班之前，所以对男孩“约法三章”确有必要。比如，和男孩约定：家中没有大人时，不能把异性朋友带到家里来；男孩的舞会应有大人陪伴参加；不要去喝有刺激性的饮料。

（2）家庭性教育最好是通过与男孩聊天的方式展开。不要希望用某种教科书来解决，这样效果不会理想。在日常生活中，父母可借助某件性方面的事聊起。让男孩了解一些性和生育方面的知识，并不等于允许男孩过早地这样做。如果父母老是简单地向男孩强调“你还小，不需要知道”，反而会引起男孩的逆反心理，向父母不允许的方面去做。

（3）要善于回答男孩提出的性问题。不要对男孩特有的好奇心横加指责，应通过循循善诱来抹掉男孩心理上对性问题的神秘色彩，使之对待性问题能有正确的认识。应该让男孩懂得，青春期只有集中精力去增长知识才干，才能为美好的将来打下基础。

（4）帮助男孩产生多种兴趣，培养广泛的爱好，这样有利于分散男孩在性问题上的精力。另外，鼓励男孩从事一些力所能及的劳动，对他也大有裨益。

总之，青少年性意识的觉醒与发展是人生成长过程中正常而必要的现象，也是青春期自我意识发展中的一个重要方面。随着男孩慢慢长大，男孩的自我意识的各个层面都和他的性意识紧密相关。他会逐渐以一个男性的自我形象在社会中呈现出来。他会从男性的角度去欣赏、看待或评价社会中的其他人和事情。所以，在对待男孩的性成熟上，父母要引导而不是回避。

面对男孩心理闭锁期莫慌张

很多父母都发现，原本整天活蹦乱跳的男孩，不知道从哪一天

开始就像变了一个人，天天一脸的阴沉，也不知道谁招惹他了。男孩的心仿佛筑起了一道墙，男孩在墙里，父母在墙外，墙里的人不想出来，墙外的人想进却进不去。

心理学家把男孩的这一时期叫作“心理闭锁期”。男孩在小的时候，什么事情都依赖父母，觉得父母什么都会做。而随着男孩进入青春期，心理各方面迅速发展，男孩会发现：父母并不是完美的偶像，他们也有很多的缺点和不足，也有很多不能解决的问题，并不能解答所有的问题。于是男孩不再想把什么都告诉父母，什么事情都向父母请教。有时，他更乐意跟同龄人交流。

他们独立意识也增强了，什么事情都想自己解决，不想再依赖父母，不喜欢别人再把自己当男孩，处处表现出一种成人感。于是开始对父母表现得冷淡，有时甚至是反抗、离家出走。所以，父母会觉得男孩离自己越来越远。

男孩进入青春期后，他就会在心理上对父母形成抵触情绪，甚至会瞧不起父母，觉得每天在耳朵边唠唠叨叨，感觉非常厌烦。所以，青春期的男孩就开始从崇拜父母的阶段过渡到“瞧不起父母”的阶段。

在父母对男孩的教育过程中，要注意分析自己男孩的具体情况，不能因男孩疏远自己而乱了阵脚。在男孩的“心理闭锁期”父母应该做到：

（1）让男孩正确对待青春期特征。父母要帮助男孩正确地认识第二性征的出现是青春期正常的生理现象，不必恐慌和害羞，也没什么大惊小怪的。鼓励男孩要增强自信，懂得悦纳自己。青春期的男孩好奇心强，对很多事情和现象有强烈的探索欲，父母应帮助男孩，减少他心理上的神秘感，树立良好的道德行为。青春期的男孩在生活上和学习上应给予多一些的关心和照顾，保证充足的睡眠。因为睡眠不足，会导致记忆力衰退、注意力降低、精神疲惫、情绪低落等现象。

（2）帮助男孩正确认识压力。每个人在生活中和工作中都会存

在一定的压力，有压力是正常现象。要学会和压力和平共处，学会缓解压力、释放压力。对男孩来说，最大的压力就是学习和人际交往两大方面。所以，父母要想让男孩生活得健康快乐，就别给男孩施加过多的压力。适当放低期望值，不拿自己家的男孩跟别人攀比，对男孩的能力发展不要过于急躁。当男孩觉得压力太大、心理负担太重时，父母可以帮助男孩一起想办法抗压。

（3）教男孩学会宣泄负面情绪。当男孩感到压力太大时，父母可以教给他主动疏导发泄的方法，比如说出自己的体验、想法，向亲人、同学、朋友倾诉，释放郁闷。哭是一种有效地解除紧张、烦恼与痛苦情绪的方法，男孩也需要用眼泪抚平内心的苦痛，这样对身体有好处。

转移注意力，让男孩学会忘掉不愉快。比如积极参加文艺或体育活动、放声歌唱或大声喊叫、运动、写日记、做深呼吸，等等，也都是宣泄负面情绪的好方法。

（4）教男孩主动控制情绪，做情绪的主人。除了通过转移注意力等方法来使情绪得到一定程度的调控，还可以借助自己的力量去管理情绪。比如用自我暗示、自我激励、心理换位等方法，用积极的情绪代替消极的情绪，多想一想自己的优势和闪光点，建立阳光心态，将不良情绪转化为积极的行动。

（5）对犯错误的男孩巧妙疏导、循循善诱比横加指责、棍棒教育更有效。面对犯错误的男孩，父母严厉地直接批评并非聪明的方法，晓之以理、动之以情，可以化叛逆为神奇。挖掘和发现男孩的闪光点，有助于消除他的怀疑和对立情绪，改变逆反心理，从而管理情绪、掌控情绪。如果情况严重，还可以采用心理咨询的方式，辅助治疗，来培养他的健康情绪。

总之，对待男孩的“心理闭锁期”，父母一定不要急躁，更不可以打骂，因为男孩的心态不稳定，如果父母采用粗暴的手段进行教育，往往会出现与男孩对立的现象。

帮助男孩筑起早恋的防线

有个初三的男孩在日记中写道："不知怎么回事，我最近一看到隔壁班的那个女孩，就不由自主地脸红心跳。我害怕和她的目光相遇，但又情不自禁地想看到她。我不知道为什么会有这种奇怪的感觉。我的心里想的全都是她，白天上课无法专心听讲，脑子里出现的全是她的影子，每到下课后偷偷地看看她，我就觉得心里特别开心。我的学习成绩一路下滑，做任何事都不能集中精力，一天没看见她就紧张不安，失去了她就像失去了一切……"

男孩进入青春期以后，随着生理上的日益发育成熟，性意识也开始觉醒和逐步形成。在性意识发展的过程中，男女生都会产生对异性的好感和爱慕，有一种与有好感的异性同学相互接近、了解、交往并结为朋友的需要，但是对于男孩的成长和将来而言，早恋绝不是一件好事情。

每个男孩都胸怀大志，有自己的理想抱负，渴望成为社会的有用人才，成为国家的栋梁。每一位家长都寄予男孩美好的愿望。而要想实现心中的任何理想、抱负，都离不开勤奋努力地学习，学习知识以及各种技能。十七八岁的男孩，正处于人生中最美好的黄金时期，这一阶段来自生理和心理的成长都得到飞快的发展，他对人生观和价值观有了初步的认识，情感上也产生了懵懂的认知。这个时期的男孩，充满了青春活力，具有旺盛的精力和活跃的思维，记忆力强，渴望学习和接受新生事物，所以是学习的最佳时机，这一阶段也是充实科学知识、提高各种能力的基础。因此，这一阶段的男孩应该以学习为主，全力以赴，专心致志，为将来打下坚实的基础。如果这个时期被早恋问题纠缠，必定分散学习精力，浪费大好时光。所以，父母不应该忽视男孩的早恋问题，如果处理不好还可能会葬送男孩的学业、事业和前途，以致追悔莫及。

早恋后的男孩，自知会受父母和社会上其他人的责备和议论，因而就要躲躲藏藏，远离人群，长此以往，影响了与同学、家人的关系。同时，在思想上会产生很多负担，影响了心理的正常发展。

爱情和婚姻是一个人的终身大事，在人生中占有重要的位置。可是，发生在少男少女中间的早恋问题并不少见，可以说已经上升到一个社会问题，引起学校和家庭的普遍重视。由于青春期男孩涉世不深，人生阅历较浅，生活经验欠缺，对社会认识不足，在对待感情上也是懵懂无知。在男女同学交往中，一旦处理不当，或者没有摆正良好的人际关系，往往就会陷入早恋。陷入早恋中的青春期男孩，大多草率行事，感情容易冲动，缺乏理智，容易与异性一见钟情，但是这种恋情往往又是短暂的。随着年龄的增长，心理上会不断地发生变化，思维和情感也会越来越成熟，这时可能会觉得对曾经一见倾心的对方如今已经失去了兴趣，变得不再喜欢了，或者认为彼此并不适合而产生不满，最后中断彼此间的感情。所以，早恋的结局往往是品尝苦果。而青春期男孩情感脆弱，一旦经历早恋的失败，必然会大失所望，意志消沉，影响学习和生活，严重的则会导致心理障碍。

实际上，青少年之间的早恋，大多是由于感情的冲动，出于对异性的神秘感和好奇心而心生倾慕之情。这种神秘感、好奇心使青少年盲目地认为这就是爱情。在强烈的好奇心和感情冲动之下，男孩往往会被不理智而冲昏头脑，陷入早恋而难以自拔，甚至出现过火行为。

向往异性是青春发育期男孩的一种正常生理反应和心理现象，是人的情感世界中美丽而珍贵的，男女同学相处，是青少年社会交往不可缺少的内容。人类异性间的交往，也是最富有魅力、最激动人心的，尤其对青春期的男女来讲，更具有极大的吸引力。

心理学家认为，男女两性交往会产生神奇的异性效应，这种异性效应对一个人的成长和性别角色的完善有着不可低估的积极作用。

只在同性范围内交往，人的心理发展往往会狭隘，远不如既与同性又与异性的多向交往更能丰富人的个性。多向的人际交往，可以使人与人之间彼此相互渗透、补充，使性格更为豁达开朗，情感体验更

为丰富，意志也更为坚强。

所以，与异性同学交往是必要的。只要父母加以适当的引导，就会避免男孩陷入早恋的误区。

（1）父母要告诉男孩，与女孩交往要真实坦诚。在交往过程中要做到坦荡无私、以诚相待，相互信任是建立和发展良好异性关系的前提和基础。也就是说，与异性交往，要像结交同性朋友那样。

（2）教育男孩在与异性朋友交往时要注意距离。与异性朋友交往，要注意言行举止，说话做事要留有余地，不能毫无顾忌。比如，在交往中尽量不谈涉及两性之间的敏感话题；交往中的身体接触要把握好分寸，不能过于轻浮，也不要过分拘谨；如果是正常的男女同学间的友谊，那么要注意把握好交往的距离和程度，陷入过深则会成为早恋，超越了正常异性交往的界限。

（3）要尊重男孩的纯真情感和友谊，不要轻易贴上“早恋”的标签。男女同学之间亲密一点儿，手机发几条短信，过年过节送几张别样的卡片，写上几句俏皮的话，某天晚上回家很晚……于是，父母就紧张地认定自己的男孩早恋了。很多时候，男女同学间的正常的纯洁的友谊关系，会被过分敏感的父母轻易地与谈恋爱挂钩，给男孩贴上了“早恋”的标签，这样做不但影响了同学间的正常交往，也伤害了男孩的自尊心。其实，同学间的交往常常是不自觉的，如果男孩与某个异性伙伴相处时间较早较长，表现得亲密一些，关系距离近一些，也是很正常的，这时男孩也许并没有认为自己是在谈恋爱，心里也根本没有早恋的念头，只不过是对异性有好感或相处融洽而已，如果父母一发现男孩与异性伙伴在一起就认定是早恋关系，那么对男孩和他的伙伴来说都是非常尴尬的，不利于彼此间的交往，反而破坏了正常的友谊。所以，父母要对男孩是否早恋要深入了解，不要捕风捉影或片面地下结论。

（4）用“冷处理”的方法处理早恋迹象。即便男孩出现了一些早恋迹象，父母也要保持冷静的态度，做到宽容和理解，不能心急地干预男孩的交际；那种公开批评“早恋”的对方，采用硬性手段拆散彼此的关系，更是不可取的。因为这些做法很可能会引发男孩情绪波动，从而心生逆反和负面情绪。所以，一定要在弄清楚原因后，再顺势引导，才会以理服人。否则，“以其昏昏，使人昭昭”，只会站在男孩的对立面孤军奋战，将事情弄得更加糟糕。

（5）引导男孩慎重理智地对待恋爱问题。当男孩陷入早恋或被感情困扰时，父母可以陪着男孩聊聊天，讲一讲有关爱情和婚姻方面的故事、道理、箴言等，让男孩明白，真正的爱情的含义。当男孩迷恋异性而无法摆脱时，父母可以以提问的方式来帮助男孩指点迷津。比如，心中理想的爱情是什么样的？幼儿园时喜欢的小朋友，到了小学还喜欢吗？小学喜欢的女孩，到了中学还喜欢吗？这样的引导可以让男孩明白，随着自己慢慢长大，喜欢和需要的都会有所改变。未来有太多的不确定性，沉迷于早恋中，只会让自己受到更多的伤害和痛苦。

（6）给男孩一个美好的期望。告诉男孩，恋爱是一件非常美妙的事情，可是真的体会到它的美妙是需要条件的。不成熟的恋爱肯定让人无法体会其中的美妙，只是充满好奇、追求新鲜感而已。

爱情之花是圣洁的，只有到了一定的年龄，才能够正确理解它；只有懂得珍惜它的人，才能栽培并以真诚之水使之永远盛开。对于男孩来说，在爱情生长的土壤还不具备的时候，最明智的办法是筑好防线，这就需要父母的帮助。

 正面管教：孙云晓“阳光法”性教育

中国青少年研究中心副主任、研究员，中国青少年研究会副会长，中国少先队工作学会副会长孙云晓在他的著作《好父母好方法》一书中，对青春期男孩的性教育问题提出了自己的观点和建议。书中

写道：

性教育的成败不仅仅取决于内容，也取决于态度。如果以阴暗心态进行性教育，非但无成功之希望，反倒留下无尽隐患。因此，我建议父母与教师们以阳光灿烂的美好心态，公开而彻底地与少男少女谈情论性。这就是阳光法性教育。父母应该如何做呢？我的教育建议是：

1.对中学生应把性交和避孕知识讲得明明白白

中国性教育的一大失败，就是在关键的知识点上躲躲闪闪，似乎以孩子弄不明白为己任。结果，导致了许多少男少女糊里糊涂受到伤害。譬如，我们在访谈中惊讶地发现，这些勇吃禁果的少男少女，几乎不采取任何避孕措施。他们根本不清楚流产对女性身体的伤害，更意识不到传染性病或艾滋病的危险。这不能不说是性教育的严重失职。

造成这一重大失误的原因与性教育观念落后关系密切。许多父母与教师以为，告诉了孩子性交方法与避孕知识，会引诱他们尝试性行为。事实证明，这一看法是错误的。《参考消息》介绍了美国的一项研究结果，即学校提供避孕套的高中学生发生性行为的可能性并不比其他高中生大。研究人员在鼓励学校制定避孕套计划的马萨诸塞州进行调查，将9所提供避孕套的高中学校，与50所不提供避孕套的高中学校进行对比，结果发现，无避孕套计划的高中有49%的学生报告曾经有性行为，而有避孕套计划的高中有42%的学生报告有过性行为。这说明，当了解性知识之后，采取性行为的态度可能会更加谨慎。

我们应当相信少男少女们，当真正懂得了性交和避孕的知识之后，他们会权衡利弊，少做蠢事，尽量减少对自己和对他人的伤害。把选择权与决定权交给一天天长大的孩子，尽管他们会为此付出代价，但只有经历了这一切，他们才会成长为一个真正的人。

2.鼓励男女青少年正常交往

在青少年长大即社会化的过程中，同伴间的交往乃至与异性的交

往是不可缺少的一课。再好的父母和老师也不能代替伙伴的作用。所谓性教育的本质特征就是学会交往。

然而，中国青少年研究中心在城市独生子女人格调查中发现，64.9%的中小学生父母“不愿意孩子有较亲密的异性朋友”；81.6%的父母“要求孩子选择学习好的同学做朋友”；45.3%的父母“为了学习，我要求孩子减少与朋友的交往”；49.3%的父母“怕孩子学坏，所以我严格限制孩子交朋友”等。毫无疑问，父母们这些干涉或限制的态度，是形成代沟冲突的重要因素。

请父母与老师们回忆一下：您是怎么学会与异性相处的？是仅靠父母的说教，还是靠自己的体验？恐怕绝大多数人是实践出真知。因此，当您剥夺了孩子体验的权利，您怎么让孩子学会交往呢？许多条件很好却难以恋爱结婚的中青年，究其原因，常常发现是青春期里被严格限制与异性交往的缘故。充满爱心的父母们怎能让悲剧重演？

当然，鼓励不等于放纵。近朱者赤，近墨者黑，也是千古名言。我们只是建议，对于少男少女的交往，父母与教师们要多一些鼓励，少一些训斥；要多一些理解，少一些怀疑；要多一些引导，少一些限制。即使出现一些问题，也不要大惊小怪。心理学家认为，孩子是在犯错误中长大的。父母给孩子最好的礼物是尊重与信任。

3. 父母应当为孩子作出表率

一谈到性教育，许多父母就在想该怎么对孩子说，实际上，父母怎么做比怎么说更为重要。

可能有些父母会疑惑起来，做什么呢？其实，在孩子心目中，父母的行为是最好的性教育楷模。天下父母哪个不是一男一女的结合？哪个不是与孩子关系最亲密的人？孩童时代过家家，孩子们不都在模仿父母的角色吗？这种对父母自觉不自觉的模仿，或许会持续一生。

可是，父母们想到这一点了吗？许多父母亲热时背着孩子，却当着孩子的面吵架甚至打架，这是多么可怕的性楷模表现呀！如今，夫妻离婚的多了。有些离婚者面对孩子痛说对方劣迹，犹如黄河长江，

怨恨一泻千里。他们可能没有意识到，这样做是播种了仇恨，这样做会扭曲孩子的心灵，使孩子不能正确看待异性，将来会影响下一代的爱情与婚姻。

有责任心而又明智的父母，应当从点点滴滴做起，表现出夫妻之间的互敬互爱互谅互助。开放一些的父母，当着孩子的面拥抱接吻，更是良好的性教育行为。我在美国罗德岛大学访问的时候，一位女教授告诉我，她把自己生孩子的全过程请人拍摄下来，作为将来送给双胞胎女儿的礼物。可以想像，这将是深刻而可能影响孩子一生的性教育。

总之，请父母们记住：你们每时每刻的行为，都在以最自然的也是最有力的方式告诉孩子：什么是性，什么是爱，什么是婚姻，什么是幸福。

——节选自漓江出版社《好父母好方法》，孙云晓著，2006年1月第1版P93-95，略有改动

第十二章
财商教育，从小培养男孩的理财能力

孩子是家庭的希望，与其单单靠父母的辛苦劳作、省吃俭用，不如从小就给孩子灌输一些投资理财知识，因为许多观念及行为的建立是从小养成的。

理财能力决定了一个人一生的生活品质和生活状态。在美国，父母非常重视男孩的理财教育，从小就灌输理财观念，让男孩早早独立。理财教育被称为“从3岁开始实现的幸福人生计划”，父母不是一味将男孩关在童话世界里，而是教他们认识钞票的面值，传授“取之有道，用之有度”的观念。

为什么要让孩子学理财

如今孩子们的物质要求基本上都能够得到满足，家长们就算自己勒紧裤带，仍会给小孩子足够的零用钱，就算自己过得“抠门”一点，也巴不得把最好的全部给孩子。

然而，在爱孩子的同时，做父母的是否想过，我们过度爱孩子，有时却在无意间害了孩子—物质生活太过丰裕，孩子就体会不到世事艰难的一面，就会形成错误的财富概念，甚至根本就不懂得什么是理财。如果寄希望于孩子长大后再改变理财上的坏习惯，这无疑会是一件十分困难的事情，说到底，理财教育从孩童时代便开始才是最有用的。

从小开始做好理财训练，可以给一个孩子的成长带来很多好处。

让孩子从小学习理财，可以给孩子未来的成长带来很多好处。从短期的效果看，会养成孩子不乱花钱的习惯；从中期的效果看，会养成孩子投资的能力和处理人际关系的能力；从长期的效果看，会养成孩子独立的生活能力和家庭责任感，成为一个对社会和家庭有用的人。此外，孩子在学习到更多的理财知识后，便会明白“天上不会掉馅饼”的道理，长大后也就不容易受到欺骗，增强了孩子的自我保护能力。

总的来说，让孩子学理财的目的是为了把孩子培养成一个独立的人、一个成功的人、一个能承担家庭责任的人、一个孝敬父母的人。一句话：让孩子成为一个有用的人。

让孩子提早认识金钱的价值

“给孩子鱼吃，不如给孩子钓竿”，毕竟再多的钱，都有被花光的一天，可是懂得理财，就可以使有限的资产不断累积，而正确的理财观念必须从小养成，对于孩子来说，这才是给他们最有价值的财产。同时也表明，理财教育的重要性。

理财教育的八个秘诀：

（1）尽早训练孩子的数字敏感度对学龄前的孩子来说即使会数数了，也未必懂得数钱，因为那只是抽象的声音或文字，必须让孩子感受数字的多与少到底有什么不同，才能建立金钱观。

（2）让孩子陪你去购物，在采购中，教孩子看价钱，并且清楚地让他们知道，这个东西的价钱过于昂贵所以你不买；怎样买比较划算；告诉孩子，货比三家不吃亏；以及要有购物预算等概念。

（3）教孩子具体设定理财目标。当孩子开始有零用钱的时候，就可以教他们定期审视自己存了多少钱，父母可以陪着孩子一起计算，并记录下来，而当孩子会写数字，并且具有基本的加减概念后，可以给孩子一本账簿，让他们学习如何记账。

（4）让孩子记账，导正消费观。就算是在同一个环境下长大的孩子，理财消费观念也可能差距很大，有些孩子天生个性慷慨、不拘小节，长大后往往容易成为入不敷出的人，但有些孩子则对钱有相当大的不安全感，进而成了一毛不拔的铁公鸡，但这些都是不健康的理财行为，父母必须从旁协助导正。

（5）为孩子开立银行账户，教孩子储蓄，一般先从存储蓄罐开始，但当储蓄罐已经有不少的存款时，不妨带孩子一起到银行去开设一个属于他的存款账户。有了这个账户后，不管存钱或是领钱，最好都让孩子全程参与，借此使其明白银行的功能，并教孩子看懂存款账簿。

（6）借钱给孩子，培养贷款观念，可以适度地“借钱”给孩

子，让他有借钱、还钱、并支付利息的观念。这时最好请第三者当仲裁人，让其约定如何还款、何时还清等，最好以借据形式记录下来，使孩子了解到借、还钱的重要性，培养孩子的责任感。

（7）从游戏中体认，善于理财才能致富。其实，坊间常见的“大富翁游戏”算是入门的理财学习法，有买卖、投资行为，而机会、运气的设置，更是让参与游戏的人可以体认到，人生有许多不能预期的变数和风险，所以必须要有适度的规划，否则有可能面临负债累累甚至破产的情况。

（8）从生活周遭找投资标的。“投资”可以说是理财项目中较为困难的一课，要让孩子彻底了解投资，更不容易。其实，父母只要让孩子知道，所谓的投资股票就是用钱购买该公司的股票，当公司获利，所投入的本金便会因此增加利息，反之，该公司一旦经营不善，则这些资金将会贬值。

只要父母给予孩子正确的理财观，引导他们采用合理的理财方式，加上秉持上述这些原则，不要以自己的立场去干涉孩子的理财细节，那么孩子便可以从中学习一辈子受用的金钱价值观，通过合理理财就能致富。

让男孩知道零花钱该怎么用

生活处处需要消费，所以钱在人们的头脑里具有举足轻重的地位。对于孩子来说，父母怎样教孩子管理钱财呢？逢年过节，男孩的零花钱成倍增加，如果家长拿出一部分由他们自己任意支配，可以使男孩从小认识钱、了解钱的用途，并学会如何使用钱。如果不会理财，不学会怎样用钱花钱，将来就很难适应社会。有一个男孩，他的父母都是军人，平时对男孩管教得比较严格，从来不让男孩接触钱，结果，男孩上了学依然不知道钱是什么东西，不知道钱的用途，更不

会花钱、存钱。

但有的父母担心男孩手头有了零花钱，会由着性子花，容易养成出手阔绰、攀比、图虚荣的坏习惯。其实，问题不是该不该给男孩零花钱。男孩不会合理地使用手中的零花钱，除了与男孩生活鉴别能力不高有关外，还是源自一些父母给男孩零花钱的方式的错误、目的的模糊，以及没有正确地指导男孩该怎样合理使用零花钱。

现在有的父母给男孩零花钱，是把它作为对男孩的一种奖励，以此来左右男孩的行为；有的是因为家庭条件比较宽裕，男孩什么时候想要，就什么时候给，想要多少，就给多少；而有的父母则是因为平时没有时间照顾男孩，对男孩有一种负疚的心理，把给男孩零花钱作为一种心理补偿，给起来出手阔绰。这几种给男孩零花钱的方式，有一个共同的弊病，就是父母给零花钱的目的模糊。钱到男孩手中以后，对男孩如何使用这些钱，他们不管不问。男孩得到这些零花钱后，因为没有明确的使用方向，所以用起来随心所欲，不知道节制，而是盲目比较。种种原因，造成了男孩零花钱使用不当的问题。

（1）告诉男孩不是所有给他的钱都是零花钱。父母对男孩手里的钱也要有一个区分，并让男孩知道，哪部分钱是他的零花钱，哪部分钱虽然属于他，但不是零花钱。

（2）对于男孩的零花钱在数量上要有限制。给男孩多少零花钱算合适并没有统一的数量标准，但零花钱不宜给太多。对于普通的工薪阶层家庭来说，给男孩零花钱不能成为家庭的经济负担。而对于生活富裕的家庭，父母也不能因为家境富裕而给男孩过多的零花钱。

（3）对零花钱的使用提出具体的指导意见。男孩的零花钱应该怎么花？父母要从一开始就对男孩零花钱的使用加以关注，引导孩子正确消费，帮助男孩拟定理财计划，给男孩提供参考；也可以要求男孩对零花钱的使用情况做个详细记录，并定期检查男孩使用零花钱的余额，以此作为下一次给零花钱的参考。

（4）让男孩参与日常家庭经济生活。给男孩零花钱是培养男孩对钱的正确认识和合理消费。父母也可以通过其他的途径来锻炼男孩对钱财的驾驭能力，如让年龄小的男孩帮家里买些日用小商品或食品等，让年龄稍大的男孩参与家庭的财政计划等。从小就有意识地培养男孩的理财能力，指导男孩熟悉、掌握基本的金融知识与工具，从短期效果看是养成男孩不乱花钱的习惯，从长远来看，将有利于男孩及早形成独立的生活能力。

在现实生活中，人们不难发现，有许多男孩手里有不少钱，但这些钱并没有使他们走上邪路，也没有使他们养成好吃懒做和一切向钱看的不良习惯。相反，他们的书架上增加了许多好书，使他们有了更多的机会参加多种培训班，从而获得了更多的知识和本领，这都得益于父母教导有方。

让男孩用好自己的压岁钱

春节给孩子“压岁钱”，是我国多年不变的传统习俗。过去“压岁钱”只是一种象征性的礼物，少则数元，多则数十元，主要是图个热闹、吉祥。如今，随着生活水平的提高，“压岁钱”的数目也是年年攀升。孩子拿到的“压岁钱”动辄上百、上千。

压岁钱越来越多，怎么用也成了一门学问。以前压岁钱只够买鞭炮、玩具和糖果等节日所需的东西，现在有的压岁钱多得已经上万。对于绝大多数男孩来讲，对钱的用途还没有足够认识，再加上自制能力差，如果父母不给予合理的指导，可能会产生一系列负面影响。

男孩的想法，父母不一定能察觉。当他拿到压岁钱的时候，正是展示自己想法的时候，父母正好可以借此机会了解男孩的愿望。不论是好还是坏，都会有收获。

有的男孩想报名学绘画，父母不一定要抱着男孩会成为艺术家的想法，也许男孩只是想尝试一下；有的男孩想买一双名牌球鞋，这时

父母不必敏感，而要想想自己平时是不是有名牌情结，影响了男孩，或者男孩在学校受到一些影响，这些都可以进行交流；有的男孩想去旅游，说明他想换一个环境，他对生活充满了好奇，有一定的自立能力，这是值得父母支持的。不管怎样的想法，都有它存在的原因，父母千万不要停留在表面理解男孩的愿望上，而应体贴地想想男孩的自身情况，因势利导才是最佳选择。对男孩来说，事物没有绝对的善与恶，父母不能拿成人的标准来衡量男孩的梦想。男孩的每一种想法，都值得父母小心翼翼地去认真对待。最可怕的不是男孩有不好的想法，而是男孩一点儿想法都没有。

庆幸的是，绝大部分男孩都有支配欲望，并且坚持压岁钱是属于自己的私人财产，是“神圣不可侵犯的”。

有一对母子，在家里激烈地吵了起来。原来是男孩拿压岁钱，买了母亲不满意的东西，所以，母亲就训斥道：“钱虽然给了你，但那是我挣来的，不是你的，你没权经我同意就乱花。”男孩反驳：“怎么不是我的？你给了我就是我的。再说，我没有乱花，那些都是我认为必须买的。”

面对想要花钱的男孩，父母一般分为两类：绝对没收型和绝对放任型。大部分父母属于前者，认为给男孩的压岁钱等是大人之间的人情，因此应该收回；或者担心男孩挥霍，就不给他花钱的机会。不管男孩的计划怎样合理，都弃之不顾，要求男孩按照父母的意愿安排生活。

将“压岁钱”攒起来作为下学期的学费，是大部分家庭的做法。对于不大富裕的家庭，这样既可减轻父母的经济负担，也能培养男孩的自立精神和家庭责任感。男孩应该把“压岁钱”用于购买学习用品、生活用品及发展个人的某些健康的娱乐爱好上，例如，参加各种兴趣小组、购买体育用品等，但也应在父母的引导下进行。这样对男孩的个性发展及兴趣、爱好的培养是有帮助的，非常有益于男孩的成长。另外，用“压岁钱”给男孩买保险也是一种不错的选择。用“压

岁钱”帮男孩买一份学生保险，也就为男孩今后的生活增添了一份保障，这也是父母对男孩的另一种关爱。

也有一部分父母持“民主”观念，任由男孩自己安排压岁钱，完全不闻不问。等到男孩将钱花在不合适的地方后，又大发雷霆，但为时已晚。

所以说，面对男孩的压岁钱这个问题，没收和放任都是不对的。将钱交给男孩后，还有后续工作要完成，那就是与男孩交流，倾听他的心声，并协助男孩做一个财务计划表，监督男孩执行、评价和总结。相信在坦诚的沟通中，男孩会听取父母的意见，也会渐渐地懂得花钱的学问。

引导男孩进行正确的消费

现代社会商品信息多、变化快，处于生长发展中的男孩分辨力不够，自制力弱，容易养成不良习惯。而且男孩中的高消费现象，扭曲了男孩间的人际关系，加重了父母的经济负担，不利于男孩的健康成长，所以父母需要引导男孩进行正确的消费。

1.应该让男孩了解家庭的收入和开支

一些独生子女的父母，常常为了让男孩生活优越，从不限制男孩的花钱和消费。男孩要多少钱，父母就给多少钱，男孩喜欢什么就买什么，父母也不会过多地干涉。即便在家庭经济紧张的情况下，也要以满足男孩的各种消费需求为第一位。这样做不利于培养男孩正确的消费观，容易使男孩滋生拜金思想。而让男孩了解家庭的收支情况，理解父母的省吃俭用，树立良好的理财观念，有助于克服男孩攀比心理和奢侈的坏习惯。父母可以引导男孩“适度消费”。告诉男孩，他的年龄还小，还没有足够的能力靠自己赚钱，通过劳动为社会、为家庭创造财富，所有的衣食住行和学习都要依靠父母来供养，所以不能

花钱大手大脚，铺张浪费，对经济条件一般的家庭，更没有理由提出过高的物质要求。同时，父母也要有正确的消费观念和消费行为，引导孩子不攀比、不追求名牌。对于男孩的不合理的物欲要求，父母要敢于拒绝，不放纵。

把全家的钱都要花在哪些地方，给男孩简要说明一下。这样做，不仅可以使男孩能够体谅父母的难处，不会整天嚷着让父母给自己买这买那；而且还可以使男孩在家庭经济上走入困境时，为父母分忧解难。

父母就可以把一个人如何靠努力工作来谋生的道理讲给男孩们听。

2.培养男孩勤俭节约的美德

在我国自古就提倡勤俭节约，让男孩得知每一份财富都来之不易，只有耕耘才有收获，从而养成珍惜财富、珍惜劳动的品格和习惯。告诉男孩，不要跟同学攀比生活条件，“人穷未必志短，有钱未必有志”。通过自己的双手，付出勤奋的努力，同样可以创造财富。帮助男孩建立消费计划，在一定条件下让男孩自己学会按计划花钱。一味地限制并非解决男孩乱花钱问题的好办法，对于年龄稍大一些的男孩，父母可以考虑在家庭经济允许的范围内，由男孩掌握自己的日常开支，这有助于培养和锻炼男孩的理财能力，学会按计划花钱。

3.要让男孩远离物欲诱惑

一些虚假广告的诱惑很容易激发人的购买欲望，所以父母要提醒男孩，不要受物欲的诱惑而迷失，不能滋长贪欲之心。要根据自己的实际需要来进行采购，否则会造成浪费。

4.引导男孩用自己的力量来帮助别人

有一些男孩喜欢用父母的劳动所得大方地“献爱心”“帮助别人”，这是不值得提倡的。应当教育男孩：靠自己的力量帮助别人才有意义。让男孩知道帮助别人的方式多种多样，可以是物质的，也可以是精神的，在自己还没有创造财富之前，可以选择别的方式，让男孩理解“施舍不是帮助”。

5.从两方面培养男孩的消费责任

一是在钱的管理上——培养男孩的储蓄观念，教会男孩简单的储蓄方法。例如，男孩很想吃炸鸡，如果买份炸鸡需要20元的话，父母可以告诉他：“今天只能给你10元，明天再给你10元，你凑足20元时再去买吧。”这样做可以激发男孩的储蓄观念，使男孩学会“把今天的钱存起来，等到明天再用”的简单储蓄方法。当然，教男孩分别用储钱罐和银行存折，把平时的零花钱及逢年过节得到的“红包”积存下来，也是让男孩独立储蓄的办法，但要注意根据男孩年龄、个性的不同，对钱的管理加强监控。

二是在钱的开支上——培养男孩节约和计划用钱的习惯。日常中，父母可以跟男孩讲讲自己和其他行业的工作，让男孩明白赚钱要付出辛勤劳动的道理，自觉养成节约用钱的习惯。

除了供给男孩最基本的生活必需品外，有些消费可以让男孩用自己的储蓄去开支。例如，男孩要买玩具或出去游玩，父母可以指导他使用自己的积蓄。这样，不仅可让男孩认识到储蓄的意义，使他体会到用自己的存款来达到目的的快乐，同时还可培养男孩节约和计划用钱的能力。

正面管教：美国人如何教育孩子投资

下面是美国人教育孩子投资的经验之谈，我们中国的父母也可以学学。

1.8岁“当家”终身受益

理财方面的教育开始得越早越好。新泽西银行的创始人法尔瓦诺在他的独子8岁时，就教他如何管理自己的大学教育基金。当孩子15岁时，父亲不幸去世。但所幸的是，“父亲教给我了很多规律与

法则。”小法尔瓦诺说。从那时起，他就开始独立处理家族的财务事宜。

2.自主决定投资组合

许多人向富人建议，不要让孩子们知道将继承的财产数额。乔布夫妇却不这样想。“我们的两个孩子都知道他们各自有一个信托基金。”乔布鼓励孩子们参与市场投资，女儿16岁时就从父母那里得到4000美元用于投资。父母为她介绍了一个可信赖的投资顾问，但将投资决定权交给女儿。她现在已经有一笔大多数成年人都求之不得的证券投资组合了。

3.割草赚钱买股票

帕特里克·朗的大儿子瑞安要求在他12岁生日时得到一台割草机作为生日礼物，他妻子明智地给他买了一台。到那年夏末，他已靠替人割草赚了400美元。帕特里克·朗建议他用这些钱做点投资，于是他决定购买耐克公司的股票，并因此对股市产生了兴趣，开始阅读报纸的财经版内容。很幸运，购买耐克股票的时机把握得不错，赚了些钱。当瑞安9岁的弟弟看见哥哥在10天内赚了80美元后，也做起了股票买卖。现在，他俩的投资都已升值到1800美元。

4.吃麦当劳以致用

住在纽约的劳拉·舒尔茨说：“我13岁的儿子最喜欢的餐厅是麦当劳，他对它忠心耿耿，始终如一。他7岁那年，我开始送他第一股麦当劳股票，以后逐年增加。经过这些年的积累，他的资本已经在这家公司里占了相当比例的份额。每次麦当劳公司的年报寄至时，他都会仔细地阅读；每次去附近的麦当劳用餐时，他都要认真考察一番。这些股票不像过完节就扔的玩具，从中得到的经验将伴随他一生。”

5.干零工赚两份钱

圣路易斯州的唐恩·里士满的经验则是：“我为我的11个儿女们每人设立了一个共同基金，他们每赚1美元，我就在基金里投入50美分。”他们给人看小孩子，整理草坪，还干一些别的零工。打工赚的

钱就好像是能孵出小鸡的蛋，给他们带来了不少收益。年纪大些的孩子现在基金金额已翻了3番，其中6个孩子已将自己的一部分基金用于支付大学学费。

6.上网学拍卖课

利用互联网给孩子一些投资的意识，是盖瑞·古川的想法。大约4个月前，盖瑞收到了4大盒皮卡丘粘贴卡片，因为他们持有卡片制造商的股票。于是，他一本正经地告诉两个年纪最大的孩子："皮卡丘卡片现在卖得可火了，这个消息千真万确。"9岁的爱丽斯和7岁的凯莉脱口而出："爸爸，那我们把它都卖了吧。"此后的几个月里，孩子们在eBay网站上拍卖了这些卡片，一路竞价到2000美元脱手，给她们自己上了一堂最好的经济课。

7.培养理财耐心

美国新罕布什尔州的拉尔夫·布里斯托则讲了这样一件事："8年前，我那具有资本家头脑的女儿才16岁时，作为露营队顾问得到了一生中的第一笔工作收入，我马上把这笔钱放进她的个人退休账户，并详细地向她解释再投资的诸多好处，以及复合利率的优势，等等，结果她打断了我的长篇大论，说道：'等一下！你的意思是说，在拿到那笔钱之前，我要整整等43年半吗？'我马上回答道：'是的，你必须要有理财耐心！这是培养你理财耐心的最好方式！"

美国华尔街之王摩根拥有无数的财富，他十分重视对儿子小摩根的财商教育，他在写给儿子的一封信中说：

财富原本就是让人享乐的工具，我并非要你做个一毛不拔的守财奴，你应该当用则用、当省则省，不需为一分一毫伤神（你母亲就是一个凡事考虑太多的人），因为没有人可以清楚地记得每一分钱用到哪里去了！

公司里有几件事，你必须铭记在心：即使是1分钱，你也要格外珍惜，当成一粒种子，播种后，辛勤地耕耘，并借助上帝的照顾，到了第二年，这分钱就可以成为2美元，这个道理就是积少成多，积沙

成塔。当然，要等到成长至10万美金，甚至200万美金，还有一条漫长崎岖的道路要走。

金钱也像种子一样，能够成长繁殖，你的信用会因资金充裕而变得更加巩固，为了及早推动计划，你必须有良好的信用作为凭借。倘若你一文不名，那么要向别人借钱，将会是一件难如登天的事；反之，如果你自己已经拥有100万美元，再要向别人借100万美元便易如反掌。公司员工待遇的改善、工厂设备的改良，也都需要资金，所以，切莫轻易让一分一毫从你手上流失。

摩根对其儿子投资理财的要求，令人感到惊奇。不过，也让我们更加看清这位超级富豪对金钱和财富的态度。

参考书目

1.《养育男孩》，（澳）史蒂夫·比达尔夫著，丰俊功、宋修华译，中信出版社，2014年4月

2.《好妈妈不打不骂培养男孩300个细节》，张晓萍编著，南海出版公司，2015年2月

3.《小学六年一定要陪孩子做的45件事》，（韩）明鲁镇著，千太阳译，南海出版公司，2014年7月

4.《特别耐心特别爱》，许皓宜著，民主与建设出版社，2016年6月

5.《我的事业是父亲》，蔡笑晚著，电子工业出版社，2013年1月

6.《培养孩子从跑步开始》，（日）长泽宗太郎著，代芳芳译，中国电影出版社，2013年6月

7.《好父母好方法》，孙云晓著，漓江出版社，2006年1月

8.《妈妈这样说，孩子最优秀》，（日）谷亚由未著，邢建生译，民主与建设出版社，2016年1月

9.《妈妈这样做，孩子更聪明》，（日）谷亚由未著，任云译，民主与建设出版社，2016年1月

10.《儿童教育心理学》，（美）阿尔弗雷德·阿德勒著，刘丽译，南海出版公司，2015年1月

11.《多湖辉正面管教法》，（日）多湖辉著，代芳芳译，南海

出版公司，2014年8月

12.《男孩的成长99%靠妈妈》，（日）高滨正伸著，周志燕译，台海出版社，2014年10月

13.《正面管教孩子100招》，徐望华著，立信会计出版社，2015年1月

14.《不打不骂穷养男孩》，静涛著，立信会计出版社，2014年6月

15.《孩子内心是否强大完全取决于妈妈》，（日）和田秀树著，周志燕译，南海出版公司，2014年10月

16.《爱和独立》，（美）坎莉沙·麦德哈斯著，刘申静译，古吴轩出版社，2015年10月

17.《华德福的快乐家庭教育》，（英）哈维-扎赫拉著，刘申静译，台海出版社，2015年11月